As 9 leis
inegociáveis
da vida

CARO LEITOR,
Queremos saber sua opinião sobre nossos livros.
Após a leitura, curta-nos no facebook.com/editoragentebr,
siga-nos no Twitter @EditoraGente e
no Instagram @editoragente
e visite-nos no site www.editoragente.com.br.
Cadastre-se e contribua com sugestões, críticas ou elogios.

MARCEL SCALCKO

As 9 leis inegociáveis da vida

Leveza, realização e plenitude: desperte para a vida que você verdadeiramente nasceu para viver

Diretora
Rosely Boschini

Editora
Franciane Batagin Ribeiro

Editores Assistentes
Audrya de Oliveira
Alexandre Nuns

Assistente Editorial
Giulia Molina

Produção Gráfica
Fábio Esteves

Preparação
Renato Ritto

Capa
Gisele Baptista de Oliveira

Projeto Gráfico e Diagramação
Gisele Baptista de Oliveira

Revisão
Fernanda Guerriero Antunes e
Algo Novo Editorial

Impressão
Geográfica

Copyright © 2021 by Marcel Scalcko
Todos os direitos desta edição
são reservados à Editora Gente.
Rua Original, 141/143 – Sumarezinho
São Paulo, SP – CEP 05435-050
Telefone: (11) 3670-2500
Site: www.editoragente.com.br
E-mail: gente@editoragente.com.br

Dados Internacionais de Catalogação na Publicação (CIP)
Angélica Ilacqua CRB-8/7057

Scalcko, Marcel
  As 9 leis inegociáveis da vida: leveza, realização e plenitude: desperte para a vida que você verdadeiramente nasceu para viver / Marcel Scalcko. – São Paulo: Editora Gente, 2021.
  224 p.

  ISBN 978-655-5441-20-8

  1. Desenvolvimento pessoal 2. Autoajuda I. Título

21-2005   CDD 158.1

Índice para catálogo sistemático:
1. Desenvolvimento pessoal

Nota da publisher

Atualmente vivemos em uma eterna corrida desenfreada em busca do que os outros nos falam que é importante e fundamental, assumindo pesos e responsabilidades que só nos colocam para baixo e esquecemos de simplesmente parar e pensar no que, de fato, cabe em nossa vida. O que realmente importa na jornada? Abundância financeira? Sucesso profissional? Um dia tranquilo com a família? Uma rotina estruturada que nos permite viver com leveza?

Quando o Conrado Adolpho me apresentou o Marcel Scalcko, um observador e professor das Leis da Vida, fiquei impressionada com o seu conhecimento e percebi que ele havia vivido todos os passos da metodologia que está apresentada aqui. Naquele primeiro encontro, eu já sabia que existia ali um autor best-seller. Durante nossas conversas, de modo muito prático e profundo, ele me apresentou as regras universais, um domínio essencial para seguirmos rumo à vida abundante que

As 9 leis inegociáveis da vida

tanto desejamos. É um orgulho poder contar com o Marcel em nosso casting de autores best-seller, um autor determinado que, com muita generosidade, entrega a você, leitor, um conteúdo transformador.

Aqui você encontrará um verdadeiro guia sobre como utilizar tudo o que rege o Universo. Ele nos ensina que a vida é movimento, presença, verdade, conexão, dor, concordância, conclusão, semeadura e servidão. E tenho certeza de que *As 9 leis inegociáveis da vida* trarão resultados para todos que decidirem mergulhar nessa leitura, uma obra sem contraindicações. Chegou o momento de você conhecer e fazer as pazes com as leis inegociáveis da natureza e dar o primeiro passo em direção a uma jornada de muitas realizações. Vamos juntos?

Rosely Boschini – CEO & Publisher da Editora Gente

Aos meus pais;
Lael Scalco e Maria Izabel Guimarães Scalco;
Dos quais recebi tudo, absolutamente tudo,
de melhor que há em mim;
De quem sou incondicionalmente fã,
Aos quais manifesto a minha mais
profunda honra e gratidão,
Por tudo! Tudo, tudo, tudo...

Agradecimentos

E meu dia chegou... sempre me perguntei como os autores faziam para agradecer e não esquecer ninguém. Descobri! É impossível não esquecer. Então, a todos aqueles que contribuíram para a minha jornada e para a realização deste livro, se os esqueci, sinto muito! Mas saibam que sou muito grato, de verdade, pois sei que ele é o resultado do conhecimento e da generosidade de muitos que tocaram a minha alma ao longo da vida.

Gratidão!

Gratidão, meu bom Deus, pelo dom que me foi concedido.

Gratidão, querido pai e querida mãe, por terem semeado e regado em mim, com amor, carinho e sacrifício, lindas sementes de sabedoria e servidão.

Gratidão, minhas irmãs – Lisiani e Mileni –, por serem as melhores irmãs que eu poderia ter. Acho que nem imaginam, mas me sinto muito amado por vocês, e isso me faz muito bem.

Gratidão, meus filhos amados – Paola, Pedro e Manoela –, por todas as incontáveis alegrias. Por vocês, me rendi às Leis da Vida muito mais rapidamente.

Gratidão aos meus mestres e professores: Isabel Doval, Marco Ornellas, Irion Nolasco, Tadashi Kadomoto, Suzan Kaer, Jairo Mancilha, Hilário Trigo, Jorge Silva, Álvaro Jardim, Dora Veiga Jardim, Estanislav Groff, Khalis Chacel, Tárika Lima, Décio de Oliveira, Wilma de Oliveira, Dom Miguel Ruiz, Eckhart Tolle, Osho, Brian Weiss, Sophie Hellinger, Bert Hellinger, Eva Pierracos e Thony Robbins, pela sabedoria, generosidade e rigor.

Gratidão, Magda – nossa sócia e treinadora do Grupo Scalco –, por sua lealdade ao longo de mais de quarenta anos, pelo talento incomparável e pelas longas horas de conversas profundas sobre a vida, que em muito me ajudaram na percepção das leis.

Gratidão, Luiz – nosso Diretor de Consultoria do Grupo Scalco –, por confiar quando tudo era incerto, invisível e inseguro.

Gratidão à minha equipe – a melhor equipe do mundo – por tomar para si, de verdade, a missão de servir à vida.

Gratidão ao meu mentor Conrado Adolpho por ter atiçado em mim a centelha das Leis da Vida. Eu já as havia observado fazia muito tempo, mas por pura falta de confiança não me permitia nem percebê-las, muito menos descrevê-las. Você também é responsável direto por esta obra!

Gratidão à Editora Gente, em especial à diretora Rosely Boschini e às editoras Franciane Batagin Ribeiro e Audrya Oliveira, não só por terem confiado no incomensurável poder de transformação das Leis da Vida, mas também por terem me ajudado a ver em mim o autor que eu mesmo desconhecia.

Gratidão à nossa Gerente de Gente e T.I., Silvanna Battanoli Araujo, e à jornalista Isabela Barros, cujo trabalho de pesquisa no nosso acervo de texto, áudio e vídeo e cuja devida organização dos materiais selecionados, bem como a revisão e correção dos textos, possibilitaram uma obra mais completa e precisa.

Gratidão aos nossos queridos clientes e alunos, corajosos e determinados, que nos confiam cuidar de seus bens mais preciosos, vidas e empresas. Nos sentimos cada vez mais honrados e responsabilizados em entregar o nosso MELHOR!

Agradecimento mais que especial...

Gratidão, Fabiana, por ser a esposa perfeita, a companheira inabalável e o grande amor da minha vida! Por me desconfortar sempre que necessário e despertar sempre o meu melhor. Gargalho à toa e me alegro quando me lembro de que estamos juntos desde sempre e estaremos ainda mais unidos por toda a eternidade!

Sumário

Prefácio de Conrado Adolpho **15**

INTRODUÇÃO
As minhas próprias leis **19**

CAPÍTULO 1
O desejo de jogar tudo pelos ares **27**

CAPÍTULO 2
Precisa ser tão pesado assim? **43**

CAPÍTULO 3
Uma vida mais leve é possível **57**

CAPÍTULO 4
LV1: Vida é Movimento **71**

CAPÍTULO 5
LV2: Vida é Presença **87**

CAPÍTULO 6
LV3: Vida é Verdade **99**

CAPÍTULO 7
LV4: Vida é Conexão **113**

CAPÍTULO 8
LV5: Vida é Dor **125**

CAPÍTULO 9
LV6: Vida é Concordância **137**

CAPÍTULO 10
LV7: Vida é Conclusão **149**

CAPÍTULO 11
LV8: Vida é Semeadura **165**

CAPÍTULO 12
LV9: Vida é Servidão **179**

CAPÍTULO 13
Vida em movimento **191**

CAPÍTULO 14
A simplicidade no viver é o caminho para a felicidade **201**

CAPÍTULO 15
Escolha viver um vidão de verdade todos os dias **215**

Por uma vida leve e realizadora **221**

Prefácio de Conrado Adolpho

O (RE)NASCIMENTO...

Era dia 19 de março de 2019 por volta das 14 horas.

Eu estava no meu escritório, sentado em minha mesa, dando mais uma mentoria de negócios para um empresário. Parecia ser mais um dia como todos os outros.

O mentorado em questão era Marcel Scalcko. Na primeira hora de mentoria, eu entendi claramente que, muito além de um empresário, eu estava diante de um "treinador de almas".

Poucos meses antes da mentoria, Marcel participara de um treinamento de negócios meu. Sentado em uma das últimas fileiras – em uma sala com mais de mil alunos – eu confesso que praticamente nem o percebi por lá. Mas, como dizia Antoine de Saint-Exupéry, "Só se vê bem com o coração, o essencial é invisível aos olhos".

A entrada tímida, tranquila, sem alarde – uma característica do Marcel – só aumenta o poder de transformação da jornada à qual ele se propõe a levá-lo para que, ao fim, ele se mostre em sua maestria e em sua essência ao fazê-lo perceber o gigante que você poderá ser quando aprender a ser ajudado pelo fluxo da vida.

Hoje, eu entendo a genialidade de seu método: começar pequeno – como muitos se sentem no momento da dor – para poder acompanhar seus alunos passo a passo durante a jornada até a explosão final de distinção e autoconhecimento. Não há carvalho que nasça majestoso. Nasce como um pequeno graveto, apenas uma promessa, porém guarda em si a semente da grandiosidade de toda a sua espécie.

Me lembro da mentoria como se fosse hoje. Com sotaque gaúcho e fala mansa, Marcel me contava com riqueza de detalhes todo o trabalho que ele fazia, explicando como levava as pessoas até a revelação sobre si mesmas. O brilho nos olhos revelava o amor pelo projeto. Os gestos tranquilos me mostravam a segurança no método.

Durante duas ou três horas, ele me contou os "comos" e os "porquês". Muito de leve, um sentimento começou a se descortinar para mim de maneira inequívoca. Comecei a observar algo que era muito maior do que a mentoria de negócios que eu estava dando a ele: a mentoria de vida que ele estava me dando.

O espaço de ouvir foi preenchido por um conhecimento claro sobre a vida e suas implicações. E, cada vez mais, quem ouvia era eu. Mentor e mentorado invertendo papéis.

Enquanto Marcel falava sobre as leis inquestionáveis e inegociáveis da natureza e da vida, na minha mente – treinada para enxergar padrões – tudo ia se encaixando perfeitamente, como em um Lego. Com lógica, clareza, pragmatismo. A vida tem suas leis. Negá-las é como negar a própria vida.

Comecei a vislumbrar como eu, na minha própria vida, muitas vezes tinha negado algumas leis fundamentais sobre as quais a tessitura da vida é calcada. E também como as consequências foram nefastas. Era como se Marcel estivesse me abrindo um mapa, me mostrando uma bússola que eu mesmo precisaria ter tido já há tempos. Uma bússola para uma vida plena de compreensão e realização. De consciência e ação.

O que se mostrou claro e evidente para mim foi o fato de que, assim como os animais, as plantas ou as estrelas têm suas regras inegociáveis – gravidade, adaptabilidade, causa e efeito, dentre tantas outras –, uma vez que somos parte da natureza, também há leis para nossa existência. Nossa vida, que se esvai a cada minuto pelo caminho traçado pelo tempo, tem leis claras que, caso as saibamos, teremos uma jornada plena e serena em vez de ficarmos nos debatendo ao longo dela (como tantas vezes eu mesmo fiz).

A negação dessas leis, contudo, doerá tanto em cada um de nós quanto em uma criança que, ignorando a lei da gravidade, se lança no ar de encontro ao chão acreditando ser um super-herói. Nem ela é um super-herói nem qualquer um de nós. Caso naveguemos em marés contrárias às leis que regem a nossa vida, por mais hercúleo e heroico que seja nosso esforço, nunca venceremos o todo do qual fazemos parte: a própria natureza.

Percebi claramente que, como o nome diz, são "Leis". Não são conselhos, dicas ou sugestões. São leis. Ou elas são seguidas ou você terá que arcar com as consequências. Talvez, como eu mesmo percebi, você já esteja arcando com tais consequências, mas, por não saber sequer que tais leis existem, você

As 9 leis inegociáveis da vida

perceba os acontecimentos ao longo da sua jornada como fortuitos, não como o que eles de fato são: avisos.

Para mim, estava tão claro o caminho que praticamente gritei: "São as Leis da Vida". Nunca um nome me soou tão claro e descritivo quanto esse. Eu, como leitor e tendo a consciência de cada uma das leis, sinto o efeito delas todos os dias alterando o curso da minha vida. Hoje, sei lidar melhor com cada uma dessas leis para que eu me aproveite do fluxo da vida e não tente vencer remando na direção oposta.

Então, posso dizer que sou um enorme privilegiado por ter presenciado o nascimento de uma teoria que tenho certeza de que vai mudar a vida de muitas almas angustiadas e ansiosas. Almas que lutam por uma vida melhor não entendendo que, para alcançarem essa vida, não é necessária a luta, mas a acordância.

Tenho certeza de que, assim como eu percebi, você também perceberá que o Marcel é um treinador de almas. Sua teoria alivia e dá direção. Cria clareza e coragem para trilhar uma jornada que, para a maioria de nós, é um mistério – a jornada da vida.

Dominar suas leis fará com que a confusão mental se dissipe e a serenidade seja a constância. Fará com que a dor dê lugar ao esclarecimento. Com que o sofrimento dê lugar à alegria. Experimente seguir as Leis da Vida e terá abundância e prosperidade.

Desejo que esta leitura lhe dê a tranquilidade que você tanto busca.

Conrado Adolpho
Empresário e autor do best-seller
Os 8 Ps do marketing digital

introdução

As minhas próprias leis

Tinha 9 anos quando fui atingido por uma verdadeira avalanche: caxumba, pneumonia e meningite viral. Um combo de doenças que parecia ter vindo para coroar o meu momento de insegurança. Apenas um ano e cinco meses antes, Mileni – minha irmã mais nova – havia nascido, e sua chegada ainda mexia muito comigo porque eu morria de ciúmes.

O impacto daquela chegada foi tão grande que me fez ficar gravemente doente, perdendo muitos dias de aula na escola. Nem me lembro quantos. Com isso, acabei em recuperação no fim do ano, e foi uma tortura ver meus amigos todos de férias, livres, enquanto eu tinha que estudar. Na hora, pensei que aquilo não servia para mim. Compreendi que precisava amadurecer se não quisesse passar por tudo novamente.

Costumo dizer que essa foi a minha primeira reflexão sobre desenvolvimento pessoal. Para mim, ficou claro que eu deveria ter me esforçado mais, estudado mais, para não chegar àquele ponto. Felizmente não parei mais de pensar no assunto nem de buscar, dia a dia, amadurecer, evoluir.

E não vou mentir: senti desconfortos assim muitas outras vezes na vida. A diferença é que, agora, sei como vencê-los.

Na infância e na adolescência em São Borja, no Rio Grande do Sul, fui o típico bom menino. Comecei a trabalhar aos 10 anos na empresa da família. Pedi aos meus pais e eles deixaram, o que me ajudava a me afirmar no trabalho e nos estudos. Era o meu jeito de mostrar ao mundo quem eu era.

Aos 14 anos, queria administrar as empresas dos meus pais. Na minha prepotência de adolescente, achava que era mais preparado do que eles para isso. Com 23 já era formado, fazia pós-graduação e era gerente de banco. Aos 24, já tinha os meus clientes como consultor de empresas em uma época em que os jovens talentos não eram valorizados, além de advogar e seguir cuidando dos negócios da família, de uma rede de lanchonetes e de uma fábrica de sorvetes.

Eu me casei aos 25 anos com a Fabiana, minha esposa desde então.

O corpo, claro, pagava a conta de tamanha sobrecarga tão cedo. Era obeso, e isso afetava minha saúde, e não dormia, não conseguia. Entrei em depressão quando vi que aquilo tudo, na realidade, não funcionava para mim. Eu não era aquilo que achava que era.

Aquele caos me obrigou a me mexer, a olhar para mim a fim de sobreviver. Foi o que fiz, mergulhando nos conhecimentos que mudaram a minha história. Finalmente descobri a

As minhas próprias leis

terapia, a meditação e fui tentar entender quem eu era. Descobri que carregava muita dor e que não queria mais viver daquele jeito. Entendi o fato de que agimos de maneira inconsciente na maioria das vezes.

Na universidade, fiz Direito e Administração de Empresas. Tenho ainda formação em hipnose, constelações familiares, renascimento, dinâmicas de grupo entre outras. Vou em busca de tudo o que possa agregar valor ao meu trabalho, que me auxilie a ajudar tantas pessoas a transformarem as próprias vidas por meio dos meus treinamentos e de minhas mentorias.

É por isso que estamos juntos agora. Tenho orgulho do livro que você tem em mãos e desejo, de verdade, que as reflexões que mudaram a minha vida ajudem a transformar a sua também.

Será um prazer apresentar a você o método que me ensinou a viver com plenitude todos os dias: as nove Leis da Vida!

São elas:

- LV1 – Vida é Movimento
- LV2 – Vida é Presença
- LV3 – Vida é Verdade
- LV4 – Vida é Conexão
- LV5 – Vida é Dor
- LV6 – Vida é Concordância
- LV7 – Vida é Conclusão
- LV8 – Vida é Semeadura
- LV9 – Vida é Servidão

Prometo que a viagem vai ser profunda, reveladora e capaz de mudar tudo. Se ficou curioso, não se preocupe. Vamos mergulhar em cada uma das leis nos próximos capítulos e, ao fim da leitura, elas já serão parte de sua rotina.

No momento, desejo que saiba que todos esses conhecimentos chegaram até mim ao longo de 24 anos trabalhando com desenvolvimento humano. Quando comecei a fazer consultoria organizacional e dinâmicas de grupo, sempre levei em conta que, antes do profissional, havia uma pessoa por trás do crachá. Desse modo, bebi de diversas fontes que pudessem me ajudar a compreender melhor quem somos. Assim, durante a minha vida toda, nunca deixei de estudar.

Portanto, todo ensinamento que você encontrará nesta obra foi pesquisado, estudado e lapidado ao longo de mais de duas décadas. Tudo nestas páginas já foi aplicado, testado e aprovado por mais de 110 mil pessoas em meus treinamentos presenciais e on-line em todo o país.

Eu poderia ter parado nos treinamentos, porém sempre me inquietou o pensamento de que podia ajudar mais pessoas a levarem a vida que merecem. Essa energia cresceu em minha mente até o ponto em que tive a ideia de compartilhar as Leis da Vida por meio de um livro, que hoje está em suas mãos.

Veja como a vida nos entrega tudo o que cultivamos. Desde muito jovem, aprendi o valor do livro, e agora escrevi uma obra também. Até hoje guardo na mente as palavras da minha mãe, Maria Izabel, que dizia que, entre comprar uma roupa nova e um livro, eu deveria usar a roupa velha por mais tempo e investir na leitura, no aprendizado. Ela e meu pai, Lael, eram professores e empreendedores, e foram e são a minha maior referência. Passei a ter prazer em aprender por conta deles, que sempre me traziam livros.

Eles, havia mais de trinta anos, já pagavam treinamento para os funcionários, tinham a consciência de que todos ganhariam dessa maneira. Mesmo passando por uma situação

As minhas próprias leis

financeira complicada, tiraram dinheiro dos negócios da família para pagar minha primeira faculdade e a pós-graduação que fiz. Eles sempre se sacrificaram para garantir o conhecimento.

São pessoas abertas e em busca de cada vez mais evolução. Os dois, ele com 80 anos e ela com 78, fazem terapia com psicólogo, cursos de meditação e de constelação familiar. E tenho orgulho de dizer que eles já fizeram duas vezes o treinamento Leis da Vida e uma vez o Tai,[1] o treinamento de maior impacto biopsicoemocioespiritual do Brasil.

Eu sou os meus pais. Isso se aplica ao que eles têm de melhor e de mais disfuncional também. Para mim, esse conjunto é, em toda a sua complexidade, um presente que a vida me deu, que me enche de orgulho e gratidão.

Ter esse entendimento me libertou e continua me libertando. Reconhecer a nossa história e compreender de onde viemos é um passo importante para que possamos avançar sempre. Somente assim descobrimos quem realmente somos e podemos decidir o que fazer com isso.

Eu me realizo com cada retorno, cada depoimento emocionado que recebo das pessoas que se transformaram com as Leis da Vida. Alegro-me com cada comentário de seguidor ou participante dos treinamentos contando que tudo mudou para melhor.

Além dos elogios, recebo muitas perguntas sobre por que tenho como base da minha linha de pensamento nove, e não outro número qualquer, de leis. Explico que o nove, para mim, tem muita força e representa poder, esforço, conclusão

---

[1] GRUPO SCALCO. *In*: **Treinamento Tai,** 2021. O Tai. Disponível em: https://www.gruposcalco.com.br/treinamentotai/. Acesso em: 24 jun. 2021.

e eternidade.[2] E isso não é tudo: somos gestados em nove meses, por exemplo, o que traz o sentido do esforço e do fim de um processo.

O saldo de tanta estrada percorrida você acompanhará nas próximas páginas. Saiba que sonho com este livro há trinta anos e que agradeço por ele ter saído somente agora. Sinto que foi no tempo certo. No tempo em que eu estava pronto para entregar a você uma leitura prazerosa e uma obra com real poder de transformação.

As nove leis me levaram à plenitude, à realização. Fizeram com que eu abrisse os olhos para uma série de coisas, inclusive para a frustração de viver sentindo que nos esforçamos, mas não colhemos os frutos desejados. O típico cenário em que nos percebemos presos, estagnados. Como se a vida não nos pagasse com a mesma moeda aquilo que a ela entregamos. Assim, sentimos que estamos cansados e vamos nos arrastando de uma obrigação para a outra. Não identificamos os motivos reais da nossa insatisfação. O vazio no peito é implacável.

E seguimos tapando o sol com a peneira e nos escondendo atrás do excesso de trabalho, do álcool, das drogas, do consumo exagerado, da alimentação compulsiva, da vida que se vive no piloto automático, sem alegria e significado. Assim, experimentamos diariamente esse aumento da ansiedade, do pânico e da depressão. Ficamos doentes. O resultado é tanta gente vivendo sem esperança e a um passo de desistir de tudo.

Se você está desconectado da sua essência como eu um dia estive, prepare-se para virar esse jogo. Isso porque vou

---

2 NÚMERO 9. *In*: **Dicionário de símbolos.** Disponível em: https://www.dicionariodesimbolos.com.br/numero-9/. Acesso em: 21 dez. 2020

compartilhar com você tudo o que vivi, todas as situações difíceis pelas quais passei. E as ferramentas que desenvolvi, ao elaborar as Leis da Vida, estarão à sua disposição para que você, então, possa caminhar com clareza e precisão ao encontro de uma vida gentil, realizadora, abundante, em plenitude e em paz consigo mesmo.

Apenas relaxe e fique à vontade, que o nosso voo já vai começar. Voemos alto!

Boa leitura!

capítulo 1

O DESEJO DE JOGAR TUDO PELOS ARES

Talvez você conheça pessoas que, embora sejam dedicadas, talentosas e íntegras, parecem se sentir presas às próprias vidas ou a situações das quais não conseguem se libertar. Percebem-se cansadas, em sofrimento em uma ou mais áreas da vida. Não por não terem se esforçado, que fique claro. Mesmo tendo caminhado tanto, tendo se movimentado, lutado para atingir os próprios objetivos e alcançado muitos deles, ainda se confrontam com uma sensação de vazio, uma insatisfação, muitas vezes, inexplicável. Diante de tanta tensão, homens e mulheres com esse perfil aparentam, externamente, estar muito bem, afinal de contas "não lhes falta nada".

É aqui que se abre espaço para a ansiedade, a tensão, o estresse e a depressão. Segundo a Organização Mundial da Saúde (OMS), o Brasil é o segundo país com o maior número de deprimidos do mundo, com 5,8% da população afetada pelo problema, perdendo apenas para os Estados Unidos (5,9%). A média mundial é de 4,4%.[3]

Digo isso tudo porque, um dia, já me vi nesse lugar. Eu era obeso, estava em depressão, vivia estressado e ansioso. Atendia muitos clientes, mas praticamente só trabalhava e, mesmo sendo tão íntegro, tão trabalhador, mesmo fazendo um bom dinheiro, ele não durava. Vivia um relacionamento desarmonioso, de muitos conflitos com a minha esposa. Pouca coisa em minha vida parecia avançar.

É também neste cenário que ganham espaço, na vida de muitas pessoas, as dores sem quaisquer causas físicas aparentes, aquelas que os médicos não conseguem explicar. Alergias, resfriados constantes, pressão alta e dores no estômago, para citar algumas das mais comuns. Isso mesmo: nossas emoções podem afetar o nosso corpo.[4] E, segundo um número cada vez maior de profissionais da medicina, podem influenciar diretamente no desenvolvimento de doenças como o câncer e o diabetes, por exemplo. Portanto, se não quiser adoecer gravemente, não basta comer muita salada e praticar exercícios físicos: se você tiver um ataque nervoso por dia, não vai ter

---

[3] VEIGA, E. Depressão é sofrimento compatível com neoliberalismo. **DW**, 22 fev. 2021. Disponível em: https://www.dw.com/pt-br/depress%C3%A3o-%C3%A9-sofrimento-compat%C3%ADvel-com-o-neoliberalismo/a-56653922. Acesso em: 24 fev. 2021.

[4] O MAPA das emoções. **Oswaldo Cruz,** dez. 2018/fev. 2019. Disponível em: https://www.hospitaloswaldocruz.org.br/imprensa/noticias/o-mapa-das-emocoes. Acesso em: 24 fev. 2021.

O desejo de jogar tudo pelos ares

frango grelhado que dê conta de manter o seu corpo funcionando perfeitamente.

Ao longo do tempo, aprendi que nossa vida se dá basicamente em três áreas:

- Saúde (física e emocional);
- Relacionamentos;
- Carreira (dinheiro e negócios).

Em abril de 2004, quando tive a mais profunda e severa crise da minha vida, estava estagnado nas três. É muito comum ver pessoas com problemas em ao menos uma dessas áreas. Por exemplo: rico e sarado, mas não consegue ter nenhum relacionamento amoroso; ou casada e saudável, todavia não consegue ganhar o dinheiro desejado; ou até um profissional de sucesso, com uma família sólida, mas que está sempre doente ou com sintomas; ou ainda um multimilionário com sobrepeso e constantes conflitos com filhos e esposa.

Para ilustrar melhor, compartilho um caso típico que encontro com enorme frequência em minhas mentorias individuais: executivos importantes que se destacam nas empresas, batem todas as metas, trabalham quinze horas por dia e estampam as capas dos cadernos de economia dos principais jornais. Homens de ferro que, de quebra, ainda acordam todos os dias às 5 horas para correr 10 quilômetros antes de começar a trabalhar. Sem dúvida, desempenhos altíssimos no que se refere à carreira e à atividade física. A questão é que muitas dessas pessoas não se dão um fim de semana sequer de descanso, não relaxam, não conseguem dar atenção aos filhos e aos cônjuges. Isso quando conseguem se casar e ter filhos.

Para muita gente é normal identificar tanta desestrutura na família e ver os filhos indo mal na escola, adoecendo com frequência e estagnados na vida, viciados, desconectados de suas origens e sem qualquer respeito, honra e gratidão aos que vieram antes.

Agora me diga: para você, faz sentido estar indo tão bem em sua carreira, ganhando dinheiro, e ver seu núcleo familiar caindo aos pedaços? Não somente o núcleo familiar, mas também o casamento, que fica sem paixão, sem intimidade, sem namoro e, muitas vezes, sem sexo – que, quando acontece, é a cada quatro anos, no dia 29 de fevereiro, o que convencionei chamar de "sexo bissexto". Falo isso, pois já ajudei em mentoria milhares de pessoas que me confiaram suas vidas sem reservas e me confidenciaram essa triste realidade. Você sabe que estou falando a verdade!

Do lado oposto, já conheci homens e mulheres com bom equilíbrio em casa, mas patinando no trabalho, passando longos períodos sem renda ou com uma renda muito aquém do que entregavam ou desproporcional ao talento que tinham. Também já ajudei pessoas se arrastando em empregos que não tinham nada a ver com o próprio perfil, com o próprio estilo, mas que estavam paralisadas, sem conseguir fazer qualquer movimento consistente em busca do que realmente gostavam de fazer e que daria vazão ao talento que tinham, ao máximo potencial que podiam atingir. O resultado? Mais uma vez, a infelicidade.

Esse é um contexto em que ganham força as fantasias de pedir o divórcio, mudar de emprego, de profissão, de cidade. Na cabeça dessas pessoas, o problema está fora, sempre ligado a causas externas, mas, na maioria das vezes, elas deveriam estar olhando para dentro. É quando a ficha começa cair e as pessoas pensam: *Tenho tudo, mas parece que sempre me falta algo*; *Está tudo bem, mas sinto um vazio*.

Nesse ponto, o que resta é a desmotivação, a procrastinação de tarefas básicas do dia a dia, o desespero, a frustração ao toque do despertador. Conheço pessoas que precisam ativar sete vezes o modo soneca do telefone até conseguirem se levantar. Não podemos nos esquecer de outro sintoma clássico da tristeza: a angústia ao ouvir a música tema do *Fantástico*, programa jornalístico das noites de domingo da Globo.

É aquela vontade de desistir, chutar o balde, jogar tudo para o alto, sumir. Tudo isso acompanhado de explosões diárias por problemas fúteis, intolerância, impaciência, raiva incontida. A dor que causamos aos que mais amamos começa a se manifestar. As consequências de não se fazer o movimento que precisa ser feito já está presente na carreira e na empresa.

Experimentamos em nossa vida aquilo que acreditamos ser.

Reflita honestamente: será que dá para viver assim? Afirmo que não. Uma lição que aprendi com o passado é que aquele homem cheio de problemas me trouxe até aqui.

Eu era um adulto dominado por minha criança interior. Era fofo, querido, simpático, brincalhão, educado, disponível, o que, diga-se de passagem, sou até hoje. Mas isso não bastava; a vida não é feita só de amor. Esse modelo funcionou apenas até a minha irmã Mileni chegar. O nascimento dela trouxe à tona questões importantes, como a minha baixa autoestima, a necessidade que tinha de agradar a todos. Por isso comecei a trabalhar tão cedo, aos 10 anos. Consegui chamar a atenção dos meus pais dessa forma, e gostava mesmo de trabalhar. Foi assim até eu ser paralisado, em 2004, pela série de doenças que já compartilhei com você.

O QUE AS LEIS DA VIDA FIZERAM POR MIM

Os meus processos de dor e busca pela transformação me trouxeram ao ponto em que me encontro. As Leis da Vida não foram inventadas por mim. Na verdade, são leis da natureza, conteúdos de domínio público. Eu apenas as percebi, organizei-as e as descrevi. Posso garantir que são verificáveis de maneira empírica, já que sou o cara que sofreu as dores de não estar alinhado a esses verdadeiros princípios de vida.

Era um homem gentil, trabalhador, comprometido com meus clientes. Aquele que fazia treinamentos para a Petrobras, entre 2002 e 2004, em todo o Brasil. Dois dias de trabalho meus, naquela época, valiam 12 mil reais. Você gostaria de estar ganhando esse montante, há quase vinte anos, a cada dois dias? Pois era isso que eu faturava e, ao mesmo tempo, sempre levava no nécessaire remédios para resfriado, dores de cabeça, aftas e má digestão, entre vários outros sintomas.

Desse período, lembro-me de embarcar em um voo de São Paulo para Recife tomando dois comprimidos por não aguentar a dor que sentia na cabeça e nas costas. Depois que mudei minha vida, posso dizer, com toda a felicidade, que raramente adoeço.

Olhando para trás, percebo que quebrei minha empresa e tomei decisões equivocadas, muito duras. Eu me comportava como se fosse o pai do meu pai e da minha mãe, assumindo esse lugar ainda na relação com as minhas irmãs. Também queria educar a Fabiana para ser uma boa esposa e ser dono do destino dos meus filhos.

Na realidade, eu não estava ocupando o lugar que me cabia em nenhuma das esferas. Estava tudo bagunçado. Por isso mesmo eu não era um líder, de fato; não era capaz de dizer não. Fui à falência, precisei demitir doze pessoas. Ficamos apenas eu, a Fabiana e o jardineiro, logo promovido a ajudante. Retomamos a nossa vida aos poucos, com o passar do tempo.

Veja como ter a virtude de ganhar muito dinheiro não me servia de muita coisa. Mesmo que entrasse muito, nada ficava: eu estava contrariando as Leis da Vida. Não é porque você ganha dinheiro agora, não é porque tem sucesso, saúde e uma família

O desejo de jogar tudo pelos ares

harmoniosa, que, de uma hora para outra, tudo não possa desmoronar. Se você está contra as Leis da Vida, isso vai acontecer.

Não foi sem dor, meu amigo leitor, minha amiga leitora, que consegui me mover.

Mesmo sendo capaz de colocar mil pessoas em um evento na minha cidade, não via valor nisso. Precisei ouvir um elogio de um dos meus mentores para conseguir acreditar. Segundo ele, muita gente se esforçava para atingir essa marca até mesmo em metrópoles como São Paulo; imagine, então, na minha cidade, onde a população estimada pelo IBGE, em 2020, era de 60 mil habitantes.[5]

Assim, comecei a entender que as Leis da Vida dão acesso à força física que está conosco e não usamos; à força mental; ao melhor gerenciamento das nossas emoções; e à força do fluxo da vida.

Quando digo que é preciso "permanecer no presente e sentir o que vier", isso tem a ver com a lei que diz "Vida é Presença". Você permanece no presente e sente as emoções do momento. Você vive, afinal. Isso significa que está amadurecendo emocionalmente.

Quando eu digo "Vida é verdade" e você começa a acessar o seu subconsciente pelas Leis da Vida – somos 95% inconsciente –,[6] passa a ter domínio mental. Isso porque, desse modo, começa um processo de identificação: você vê o pensamento, o que está por trás das suas atitudes, e escolhe que comportamentos adotar.

É por isso que digo, pretensiosamente e a partir de tudo o que vivi, pesquisei e aprendi, que você está descumprindo uma das Leis da Vida se existe alguma coisa que não está acontecendo. Ou você transforma a sua vida, ou a sua vida lhe transforma.

---

[5] SÃO Borja. *In*: **IBGE**. Disponível em: https://www.ibge.gov.br/cidades-e-estados/rs/sao-borja.html. Acesso em: 24 fev. 2021.

[6] DE SANTI, A.; LISBOA, S.; GARATTONI, B. 7 mistérios do cérebro – e as respostas da ciência para eles. **Super Interessante**, 4 out. 2017. Disponível em: https://super.abril.com.br/especiais/7-misterios-do-cerebro-e-as-respostas-da-ciencia-para-eles/. Acesso em: 24 fev. 2021.

Experimentamos em nossa vida aquilo que acreditamos ser.

O desejo de jogar tudo pelos ares

Eu, por exemplo, já tenho filhos crescidos. Não faz muito tempo que passaram pela fase de "matar o pai", simbolicamente,[7] ou seja, desvincularam-se dos modelos parentais para começarem a tomar as próprias decisões. Nesse momento, entendendo aquele processo, sempre dizia: "Ok, meu filho, se eu não lhe ensinar, a vida lhe ensina". Você já ouviu essa afirmação do seu pai ou da sua mãe? Provavelmente sim. Até porque muitas das reflexões apresentadas neste livro também estão nos ditados populares, nos conhecimentos passados de geração para geração.

ENTREGUE-SE E SEJA FELIZ

Neste ponto da leitura – início da nossa jornada juntos –, você pode até estar resistindo e pensando: *Não, Marcel, eu vou fazer do meu jeito tudo o que eu quiser*. Permita-me contar uma história. Estava andando na rua, em São Borja, onde moro, e passou um conhecido, que me disse:

— Marcel, não tem uma boca na sua empresa para mim?

— Mas como, rapaz... eu só tenho uma e está meia-boca.

— Não brinca comigo, Marcel. Eu não estou mais na empresa em que trabalhava.

Esse sujeito era o melhor vendedor do Brasil da tal corporação na época, uma multinacional. Respondi:

— Não entendi, você desistiu da companhia?

— Não, eles desistiram de mim.

— Como assim?

— É que eles vieram com umas frescuras de fazer os pedidos por *palmtop* (um dispositivo eletrônico que os vendedores

---

[7] FILHOS adolescentes precisam "matar os pais" simbolicamente. **Uol News**, 25 abr. 2006. Disponível em: https://noticias.uol.com.br/uolnews/familia/2006/04/25/ult2866u132.jhtm. Acesso em: 24 fev. 2021.

usavam à época). *Palmtop*? Eu sou vendedor, não técnico de informática: não quis me adaptar e não me adaptei.

Foi quando disse a ele a frase que compartilhei com você algumas linhas atrás: ou você transforma a sua vida, ou a sua vida lhe transforma. Ele não quis passar do modo desinformatizado para o informatizado e logo passou de empregado para desempregado.

Essa história é ótima para alertar o leitor de que você vai mudar. Por bem ou por mal, você vai mudar. Pela força das Leis da Vida isso vai acontecer, quer você queira ou não. Por isso, meu conselho é mergulhar e se permitir.

A renovação se constrói todos os dias. É um olhar, um gesto, um pensamento que pode dar uma nova direção para a nossa vida.

PERCEPÇÃO DA REALIDADE

O processo de mudança, que está apenas começando, não vai acabar quando você fechar este livro. É importante que reflita: não existe realidade. Tudo o que você está vendo é uma criação da sua mente, é apenas a sua percepção da realidade. Isso vai lhe ajudar a lidar com os problemas de outra forma.

Vejamos um exemplo para entender melhor. O João e a Paula trabalham na mesma loja de roupas. Os dois podem vender aos clientes uma determinada calça jeans que custa 100 reais, valor que pode ser parcelado em até dez vezes no cartão de crédito. Ambos trabalham das 8 às 18 horas e têm como meta semanal de vendas um montante de 5 mil reais. Ao apresentar o desafio aos funcionários, o gerente ouve respostas diferentes.

O retorno do João foi: "Está louco, chefe? Mas de que jeito? Não vai dar. Tem essa crise toda e a concorrência vende o mesmo produto por 80 reais, em doze vezes".

O desejo de jogar tudo pelos ares

A reação de Paula: "Pô, chefe, puxado, mas vamos dar um jeito. Antes essa calça custava 120 reais, já baixamos o preço. Deixa comigo".

Vejam como a mesma situação pode ser vista de maneira diferente por duas pessoas. Se um cliente entra na loja, a Paula provavelmente abrirá um sorriso ao pensar em sua meta e vai tentar arrasar, oferecendo o maior número de peças que puder. Em contrapartida, o João franzirá a testa e pensará: *Putz, vai começar a encheção*.

Quem você acha que atingiu o objetivo? Possivelmente, Paula vendeu sem muita dificuldade os 5 mil reais esperados. Enquanto isso, ao não chegar nesse patamar, João confirmou suas crenças limitantes: *Eu sabia! Não é possível vender tanto e bater essa meta*.

Estamos tomados de crenças, de profecias autorrealizáveis. Para resolver, precisamos ler, buscar informações, fazer muitos treinamentos, meditar diariamente, seguir com a terapia até o fim dos tempos, ter abertura ao novo, à descoberta de novos conhecimentos. Na minha opinião, essas são as formas mais saudáveis e tranquilas para, de fato, transformarmos nossa realidade.

Fique atento à identificação que tem com determinadas crenças. Qual tempo vivemos hoje, por exemplo: o pior ou o melhor deles? Saiba que a sua resposta reflete aquilo que está dentro de você, revelando se você está impregnado de crenças boas ou ruins.

Lembre-se: não existe o melhor ou o pior, mas a sua percepção diante dessas noções. Com as leis, você vai conseguir olhar para a sua trajetória sob uma nova perspectiva, sabendo fazer os questionamentos necessários para se manter no fluxo do rio da vida: agora é melhor seguir para a esquerda ou para a direita? Agora para um lado, logo mais para o outro. Neste momento você passa a ser, de fato, o dono da sua história. Suas crenças não vão mais dominar você. Apenas viva o tempo presente sem o julgamento do melhor e do pior.

As 9 leis inegociáveis da vida

Qual tipo de ser humano você é? Aquele que olha para o mundo e pensa em como a paisagem é linda e em como somos capazes de grandes feitos ou do tipo que não se cansa de perguntar aonde vamos parar com tanta desgraça? Na maioria dos dias, você está encantado com a vida, com o planeta, com o ser humano, com o melhor dos tempos? Ou reclamando dos seus filhos, do seu parceiro, dos seus funcionários? Seja íntegro consigo mesmo. Integridade é reconhecer e assumir, plenamente, quem somos, como pensamos, quais são as nossas crenças, como agimos.

Eu quero convidar você a olhar com perspectivas diferentes para a sua trajetória e para as Leis da Vida.

A SOMBRA

Vivemos em negação, fugindo das nossas próprias sombras, daquilo que mais mexe com a gente. Provavelmente há muitos momentos nos quais você se considera o único ser que não presta para alguma coisa. É aí que começam os problemas.

Sob esse ponto de vista, é complicado cuidar do desempenho da empresa, da própria saúde, de arrumar um bom companheiro ou uma boa companheira. Julgando que tudo está ruim, você pensa que vai atrair qual tipo de cliente, ou de parceiro ou parceira? Será que o seu corpo vai funcionar bem?

Não venha me dizer que não se identifica com essas questões e que está tudo perfeito nas três esferas da sua vida. Se realmente estivesse tudo bem, você não estaria fazendo *posts* com a *hashtag* "Sextou!" nas redes sociais todas as semanas quando chega a sexta-feira. Se faz isso, provavelmente considera o seu trabalho chato e a sua rotina enfadonha, como se a felicidade só existisse aos fins de semana. Aproveite essa reflexão e avalie se não está indo contra o fluxo da vida. Lembre-se de que você pode e deve ser feliz sem hora marcada, a qualquer dia, a qualquer momento. Tudo depende de como se move e de como escolhe reagir diante das mais variadas situações.

Aqui vai um pedido meu para você: não desperdice a sua trajetória com anestésicos para ajudar a suportar os seus vazios. Tem gente viciada em treinamentos, em séries de TV, videogames, jogos de carta, redes sociais e por aí afora. Pare de buscar as soluções para os seus problemas do lado de fora. Aprenda a viver por completo. Sentimos o tal vazio sobre o qual falei no início deste capítulo porque fomos educados para sermos fortes, para não sentirmos medo, raiva ou tristeza. Acolha suas emoções, aprenda a lidar com elas. É inevitável sentir-se mal e ter dias péssimos. Mas as emoções estão aí para a sua evolução.

Deu medo? Tome cuidado e comece a caminhar. Vá com medo, mas vá. Está com raiva? Faça disso uma força para reagir e seguir adiante. Viva tudo o que há para viver. Se você foge, aquilo que lhe incomoda ganha proporções muito maiores. Não evite os pensamentos, mas escolha o que fazer com eles.

UM SISTEMA INTELIGENTE

Nosso sistema é muito inteligente. Ele é formado pelas nossas partes física, psíquica, emocional e espiritual. Descobri, a partir da minha vivência, observação e pesquisa, que está tudo interligado. E que tem hora para tudo – para sorrir e para chorar, para trabalhar e para desfrutar, para seguir e para parar.

Quando minha esposa era um bebê, cortou o supercílio. A mãe dela estava apenas com ela em casa, em Porto Alegre, no Rio Grande do Sul. Assim, pegou-a no colo e saiu para a rua para pegar um táxi e levá-la ao hospital. Será que essa mulher estava em sofrimento vendo sua bebê sangrando? Estava, mas, com ou sem dor, seu instinto materno foi ativado e ela fez o que era necessário. Ao chegar ao hospital, entregou a filha para um enfermeiro e, no instante seguinte, desmaiou de nervoso. Perceba que existe o momento de ser forte e o de se permitir baixar a guarda, e foi exatamente o que aconteceu neste caso.

Acredito que a vida está sempre a nosso favor e que tudo acontece para evoluirmos, irmos além. Depende apenas da nossa percepção da realidade, de como vemos as coisas.

Essa visão, esse modo de encarar tudo o que acontece, envolve a noção de que somos como grãos de areia no Universo. Acredito que existem forças poderosas atuando sobre nós para nos conduzir. Basta nos submetermos a elas, nos fortalecermos, e cumpriremos a nossa missão de vida.

Vida é conexão, determinamos e somos determinados. Olhemos para as nossas dores, sejamos capazes de perdoar a nós mesmos, em primeiro lugar. E de agir para corrigir o que não vai bem nas três áreas pelas quais transitamos: a saúde, os relacionamentos e a carreira, o que envolve o dinheiro e os negócios. Deixe o chicote da culpa de lado e siga pela jornada de evolução que está disponível para você.

Vida é concordância, é dizer sim para absolutamente tudo. Não espere que tudo aconteça exatamente da maneira que você quer. Eu sei que fomos ensinados a nos colocar metas, a termos objetivos, buscarmos a excelência em tudo. Você faz o seu melhor e isso basta, acabou. Apenas renda-se diante do que não há nada a fazer. E digo isso por experiência própria, render-se é libertador.

É HOJE?

Gosto de uma história sobre a morte contada no livro *A última grande lição*,[8] de Mitch Albom, que diz o seguinte: todos

---

[8] ALBOM, M. **A última grande lição**. Rio de Janeiro: Sextante, 2016.

O desejo de jogar tudo pelos ares

os dias um passarinho pousa em nosso ombro e nós fazemos a ele a pergunta: "É hoje?". Não sendo o dia, ele responde: "Não, ainda não é o dia da sua morte".

Isso quer dizer que, diariamente, temos a chance de construir uma vida leve e realizadora. E que, em uma dessas ocasiões, o pássaro vai dizer: "Sim, chegou o momento de partir".

Quando essa hora chegar, espero que você diga: "Tudo bem, já concordei com os meus pais e comigo mesmo, respeito a individualidade da minha esposa, coloco meus filhos no lugar deles, sou um homem muito rico. Sou, verdadeiramente, próspero de dentro para fora, está tudo bem".

A suprema conselheira é a morte. Se nem na iminência da morte ouvimos a mensagem, o que mais vai ter que acontecer para que nos rendamos às Leis da Vida, as respeitemos e honremos?

Vamos juntos em busca das respostas, a nossa caminhada está apenas começando. Saiba que este é um livro para aprender, não para somente ler e refletir a respeito. Um pouco adiante, nos próximos capítulos, vou apresentar a você exercícios de transformação que têm o poder de mudar aquilo que não está bom em determinada área da sua existência, mas para que você obtenha resultados melhores ainda, você pode realizar o nosso teste RX da Vida que está disponível no QR Code a seguir.

Comece agora a mudar a sua vida para melhor, o autoconhecimento é a verdadeira fortuna.

Entregue-se e seja feliz.

https:// www.gruposcalco.com.br/rxvida/

PARA ACESSAR O TESTE É FÁCIL, BASTA APONTAR A CÂMERA DO SEU CELULAR PARA O QR CODE AO LADO E APROVEITAR!

capítulo 2
PRECISA SER TÃO PESADO ASSIM?

Você também acha que a vida poderia ser bem diferente do que é? Na minha opinião, sim. O caminho não precisa ser tão pesado para tantas pessoas. Infelizmente, não aprendemos a mudar o que está ruim, a lidar com as dores e acolher nossas emoções.

Passamos a vida ouvindo que quem sente medo é covarde, quem sente raiva é louco e quem sente tristeza é fraco. Não fomos educados para sentir, mas para resistir, esconder nossos sentimentos com medo de sermos julgados. Vivemos nos disfarçando e engolindo sapos, achando com muita frequência que a grama do vizinho é sempre mais verde. Acreditamos que o livre-arbítrio é ilimitado quando, na verdade, temos poucas escolhas, sem o poder de dar conta de tudo.

Para ajudar você a lidar com essas questões, apresento, a seguir, um modo de entender a vida que pode ser desconhecido. Tudo está a nosso favor. O Universo é, no meu entendimento, grandioso, abundante e disponível para todos.

E não estamos falando aqui de viver na inércia, na acomodação, não é isso. Quando digo que a vida está a seu favor, o que inclui absolutamente tudo, estou dizendo que a alegria, a prosperidade, o amor profundo, a paz, a tristeza, a dor e a raiva fazem parte do pacote.

A ESTAGNAÇÃO

Quando as Leis da Vida começam a atuar e a sua mente contraria a vida, há um embate. Neste momento surge o modo de viver pesado, estagnado e parcial. Tudo o que não flui na sua vida como você gostaria, toda a dor exacerbada e desproporcional que experimenta, todos os objetivos que não alcança, toda a paz que não tem é porque está vivendo sob essa perspectiva de dor, porque está se limitando.

Estou aqui para lembrá-lo de que você – ser de luz e poder – ama uma pequena fração do que poderia amar por inteiro e vence um milionésimo do que poderia conquistar. O salário que você recebe é no mínimo dez vezes menor do que a força, a sabedoria e a inteligência que estão disponíveis para você neste exato momento. Ao ficar à mercê do domínio da mente, você sempre estará perdido. Pare de nadar contra a maré. Afinal de contas, você se esforça, realiza tanto, luta por aquilo que quer, estuda, trabalha, vive batalhando e nunca tem sossego, é só cansaço. Até as mais simples tarefas do dia a dia deixam você acabado.

Quando nos dedicamos ao controle, perdemos a liberdade e a leveza.

A essa altura, você pode se perguntar: *Por que levo uma vida tão pesada? Será que precisa ser assim? Ou devemos buscar formas de viver leves e realizadoras?* Proponho que comece parando de contrariar a existência e o modo como as coisas acontecem.

Queremos que os nossos pais sejam do jeito que idealizamos, não nos movimentamos na direção desejada por considerar que dá muito trabalho, fazemos as nossas escolhas profissionais sob o critério do dinheiro, achamo-nos no direito de selecionar quem deve fazer parte da família ou não. E isso não é tudo: definimos conceitos como "meu pai não me quis, então por isso ele não é mais meu pai" ou "meu ex-marido me traiu e agora, para mim, ele está 'morto'". Saímos da verdade das coisas, mentimos para continuar vivendo sem consciência. Se não gostamos da vida como ela é, fazemos de conta que tudo funciona de outro jeito, do modo como gostaríamos que funcionasse.

Brigamos porque a colheita que temos não é a desejada. Se vivemos em oposição, estamos contrariando as Leis da Vida. A nossa existência se bastaria em si mesma. Como se não bastasse toda a força da vida, ela ainda tem nove leis, uma artilharia pesada para fortalecer o fluxo das coisas. A vida se bastaria em si, mas, como nós não concordamos com ela, as consequências dessa discordância se impõem.

O RIO

Levando-o de volta para o fluxo da sua jornada e permitindo que você experimente um novo jeito de viver, vamos conversar sobre os domínios da vida, que são quatro. Saber lidar com eles vai nos permitir experimentar a plenitude, a leveza e a prosperidade. São eles: vida (o domínio das nove leis), alma (domínio das emoções), corpo (domínio sobre o próprio corpo) e mente (domínio das crenças e dos pensamentos).

É preciso ter domínio emocional. Isso não quer dizer evitar, excluir, tolher, podar, afastar ou negar as emoções. Pelo contrário, é saber usar tudo isso a nosso favor. Aprender com a tristeza, a raiva, a alegria e assim por diante.

Manter uma relação com o corpo também é essencial. Sendo breve, considero importante ter uma alimentação saudável, fazer atividade física, dormir bem, beber água e respirar ar fresco diariamente.

Já o domínio mental envolve a reprogramação da sua mente, das suas crenças, dos seus pressupostos e paradigmas. É ter a oportunidade de escolher o que fazer com os pensamentos, de saber qual é a melhor forma de lidar com eles.

Todos temos conceitos, preconceitos, travas instaladas em nossa mente, em nossa programação mental, o que veio da base, da nossa formação, do modo como fomos educados pelos nossos pais.[9] Conseguimos adquirir maior domínio sobre isso com terapia, mentoria, treinamentos imersivos, e meditação.

Se você adquire o domínio das nove Leis da Vida, vai acessar a mais poderosa força do Universo, a própria força da vida, aquela que vai impedir que você perca as demais forças, que são a da alma, a do corpo e a da mente. Com isso, a tendência é que você passe a sentir mais amor, compreensão, tolerância, fé, afeto, carinho, determinação, coragem.

Quando você dominar as Leis da Vida, naturalmente vai dominar suas emoções e acessar a Força da Alma. Você tende a ficar mais corajoso. Em consequência, quando acessa a Força

---

[9] ARRUDA, M. **Desbloqueie o poder da sua mente.** São Paulo: Gente, 2018.

da Alma, também alcança a Força Física, a do corpo, e não vai mais se cansar à toa. É bonito ver como tudo isso acontece, acompanhar as transformações das pessoas.

A mudança vai acontecer quando você deixar de questionar as coisas como elas são. Quando parar de reclamar do prefeito, do governador e do presidente, por exemplo. Quando focar em concluir tudo o que começar e aceitar a sua família de origem sem restrições.

Barrar a transformação é barrar a vida, uma forma sutil de morrer.

Sobre a família, principalmente sobre os pais, quero deixar claro que determinadas atitudes nos tiram do lugar. Tendo como base os conceitos da constelação familiar,[10] método terapêutico apoiado nas relações entre os familiares, reforço a importância de honrarmos os nossos pais.

Críticas e julgamentos, discordância, pena, vontade de controlá-los e de cuidar como se fossem nossos filhos são comportamentos que travam a nossa evolução. É apenas uma questão de perdoar e ser grato pelo maior dos presentes, que é estar vivo. A maneira como você olha para os seus pais é a mesma como olha para a vida.

A MENTE QUE MENTE

As Leis da Vida estão em ação o tempo todo e você nem nota. Parte da minha missão ao escrever este livro é incomodar você, porque quando tudo começa a ficar desconfortável, você passa a se mexer.

É como aquela sensação de estar com vontade de fazer xixi, mas sem querer se mexer. É desistir de enfrentar uma situação, ignorá-la e ir fazer outra coisa. O incômodo e

---

10 HELLINGER, B. **Constelações familiares**. São Paulo: Cultrix, 2001.

a identificação com o que está sentindo o levam a fugir das reflexões para não confrontar os problemas.

Durante toda a sua vida, seus pais algum dia disseram para que você fosse forte ou fraco? Por acaso alguém ensinou a você que assumisse que não daria conta? Você, em algum momento, teve essa permissão?

Há pouco tempo, em um dos treinamentos de que participei como palestrante e como aluno, uma colega fez uma observação interessante. Ela disse: "Eu não quero ser líder, já tenho coisas demais para fazer, cuido de três filhos e trabalho com o meu marido". Em uma das dinâmicas do treinamento, ela reivindicou o direito de "ser fraca", abrindo mão da obrigação de ser forte, situação que a persegue desde a infância.

É importante deixar claro que nem sempre damos conta do recado, mas é necessário ter paciência. Está tudo bem. Quem quer ser forte o tempo todo tem tal comportamento por uma questão de arrogância e insegurança. Ele vem do equívoco de achar que precisa estar a postos para tudo, a qualquer momento.

Somos humanos e comuns.

Pense em uma pessoa que você considera muito forte, mas que fracassou em algum momento da vida. Pode ser o seu pai, mãe, algum tio ou tia, seus avós, padrinho ou madrinha.

Você tem alguma dúvida da capacidade de realização, execução e disciplina dessa pessoa? Tenho certeza de que não. É apenas uma questão de reconhecer a humanidade que existe em cada um de nós. Tudo fica mais fácil quando temos consciência disso. Precisamos aprender, para ontem, que podemos ser fracos, compreendendo que fizemos o nosso melhor.

Basta lembrar da noção de que somos uma alma que ocupa um corpo e que esse corpo tem uma mente grande, pesada, que nos emperra com tantas crenças limitantes. Você se identifica com essa colocação? Tenho certeza de que sim.

Quando nos dedicamos ao controle, perdemos a liberdade e a leveza.

As 9 leis inegociáveis da vida

CULPA, O CHICOTE DA ALMA

Quem se culpa, não se permite ser humano e comum. Perceba que por trás desse sentimento há uma boa dose de arrogância e pretensão: a exigência, a crença de acertar sempre e ser forte acima de tudo.

Vamos limpar essas crenças: uma pessoa que vive em seu potencial máximo é forte e fraca de acordo com a situação, com o momento da vida. Não vista a fantasia do super-herói ou da super-heroína. Quem vai pagar por isso é você, bem como a sua saúde e a sua família. Não vale a pena.

Esse culto ao herói é uma espécie de ditadura. Entenda que estamos no domínio da mente que mente, como costumo dizer, submetendo-nos a um alto nível de exigência. Temos a ideia enraizada de que precisamos dar conta de tudo e de todos.

A consciência pesada faz com que nos esforcemos para não sermos egoístas. E assim seguimos sendo "bonzinhos", colocando-nos em sacrifício e carregando pesos que não são nossos.

Nossos pais não sabiam sentir a dor da alma e não nos ensinaram a acolher angústias. Pior, tentaram nos poupar e, de alguma forma, perdemos a tenacidade para entender as emoções e lidar com tudo o que a vida nos apresenta.

Em *Inteligência emocional e a arte de educar nossos filhos*,[11] o psicólogo John Gottman aborda a questão, destacando que os pais devem ser "preparadores emocionais" de seus filhos, ajudando-os a acolher aquilo que sentem, lidando com isso da melhor forma possível. Assim, em vez de esconder a tristeza e o medo, o melhor é conversar abertamente com os pequenos, deixando claro que tudo passa e que nós damos conta do recado se soubermos conversar, se buscarmos o entendimento.

---

[11] GOTTMAN, John. **Inteligência emocional e a arte de educar nossos filhos**. Rio de Janeiro: Objetiva, 1997.

Fingir que está tudo bem não adianta nada, as nossas crianças sentem o que está por trás, o clima ruim, o nosso desânimo. Sem falar que assumir a nossa vulnerabilidade é dar aos nossos meninos e meninas a permissão de serem vulneráveis também. Para mim, é uma lição valiosa, um legado bonito a ser deixado para os filhos.

SER FELIZ OU TER RAZÃO?

Você já deve ter ouvido esta pergunta por aí, certo? Vamos refletir sobre isso. Para começar, digo que a nossa teimosia e o nosso orgulho também são a causa de levarmos uma vida pesada e sem sentido. É hora de dizer chega!

Para você, o que é mais importante: ser feliz ou ter razão? Geralmente, as pessoas respondem que querem ser felizes, mas quando pergunto como foi o último embate com a esposa ou marido, com o pai, o chefe ou o filho, a necessidade de impor a própria opinião aparece. Muitas vezes, nessas situações, o maior valor envolvido era mesmo se afirmar diante do outro, ainda que isso não envolvesse a aceitação do que faria bem de verdade. Recomendo que você não caia nessa armadilha, como já caí. Fabiana e eu discutíamos demais por conta da casa em que morávamos, dos problemas estruturais do imóvel. Não tínhamos a maturidade emocional que temos hoje, aquela que atingimos mais adiante, quando descobrimos as Leis da Vida e a elas nos submetemos. Certo dia, brigamos tanto que ela olhou para mim e disse "chega". Pensei que ela estivesse dizendo chega para a discussão, mas ela estava colocando um fim no nosso casamento. Todo metido a machão, respondi: "Se o fato de o banheiro da casa ser muito frio e úmido é maior do que o nosso desejo de morrermos velhinhos, um ao lado do outro, vendo o sol se pôr, tomando chimarrão, para que ficar aqui? Acabou. Se o fato de a casa ter cheiro ruim é maior do que o nosso amor, aqui acaba o nosso casamento".

E ali nós ficamos, no mais absoluto silêncio, por dez minutos, que mais pareceram dez anos. Foi a primeira vez na minha vida que senti o chão ser tirado dos meus pés. Estava sentado, a minha visão escureceu, fiquei tonto. Estava vendo se esvair por entre os meus dedos o que eu tinha de mais valioso. Por querer ter razão, eu estava sacrificando a minha própria felicidade.

Penso que foi a mão de Deus que nos levantou naquela hora. Nos abraçamos e caminhamos mudos para o nosso quarto, dormimos abraçados, sem dizer nenhuma palavra. Acordamos no dia seguinte, nos beijamos, demos bom-dia um para o outro e nunca mais tocamos no assunto. Mas ficou uma lição importante. Toda vez que a gente quer discutir em vez de dialogar, aquele que está mais lúcido pergunta: "Isso aqui é maior do que o nosso amor?". Como nada tem sido maior, normalmente um dos dois levanta as mãos e diz: eu estou errado ou errada.

Levei essa reflexão para outras esferas: para a relação que tenho com meus filhos, colaboradores, clientes e assim por diante.

Lembre-se: as dificuldades são oportunidades de expansão do nosso poder.

Desse modo, nós todos, que somos humanos comuns e absolutamente imperfeitos, seguimos em frente da melhor forma. Fico emocionado ao ver meus filhos se encaminharem, amadurecerem, e de ter um trabalho que toca a alma de tantas pessoas. Sinceramente, para mim, ser feliz é o que importa.

ACOLHENDO A DOR

Quero compartilhar uma outra história para contar como a vida nos fez entender que, para alcançarmos a plenitude, precisa haver equilíbrio e inclusão.

Precisa ser tão pesado assim?

Há seis anos, Fabiana foi diagnosticada com câncer. Eu estava no nosso apartamento em Porto Alegre, me preparando para viajar para um seminário na Shell, no Rio de Janeiro, quando tocou o telefone. Era o médico dela, que disse: "Marcel, aquela biópsia deu positivo".

Foi a segunda vez em que o chão sumiu. Novamente fiquei tonto e senti medo. Liguei para os pais dela e para os meus. Cancelei toda a minha programação, mesmo achando que nunca poderia deixar de fazer um evento importante para uma empresa grande. Foi a primeira lição que aprendi com este episódio: eu não era tão relevante como achava que era, ninguém é. Há coisas muito mais importantes. Carregando a minha dor, peguei a estrada de volta para São Borja. Morrendo de medo, mas em movimento.

Penso na doença como mensageira. Tudo o que acontece em nossa vida nos traz uma mensagem. Quando fiquei sabendo da situação da minha esposa, disse a ela que só tinha uma coisa a fazer: cuidar dela. Foi quando aprendi também que não existe essa história de ser imprescindível. Se você é dono de uma empresa e se considera fundamental para que ela funcione, é porque não está no seu lugar, não está sendo um líder de fato.

Fiquei 45 dias com a minha esposa, acompanhei-a em hospitais e exames de rotina, seguindo o movimento que se apresentou para nós naquele contexto. Decidi que ficaria presente e sentiria o que precisasse sentir.

Em seguida, ela foi para um lugar chamado Centro de Apoio a Pacientes com Câncer em Florianópolis, Santa Catarina. Trata-se de uma instituição filantrópica criada para ajudar pessoas nessa condição. Lá, todas as manhãs existe uma oração. Pelo que todos agradecem primeiro? Pela doença. "Mas", você pode me perguntar, "como assim agradecer pela doença?". Bem, pelos aprendizados envolvidos e pela possibilidade de evolução. O diagnóstico da doença da Fabiana ainda estava recente e eu já tinha visto que não era imprescindível, que colocava os negócios na frente da minha família e que precisava dedicar mais tempo à minha conexão com os outros.

Vida é presença e ali, naquela situação, a gente sentia tudo o que havia para sentir. Nos abraçávamos, passávamos meia hora chorando, enxugávamos as lágrimas e íamos para a próxima consulta. Percebe os dois lados da moeda? Alternávamos em curtos espaços de tempo entre sermos fracos e fortes. Isso, para mim, é viver com real entrega, dando o máximo de nós.

Um dia, uma amiga da família que também estava com câncer ligou para o meu sogro prestando solidariedade à Fabiana. Ela mandou dizer à minha esposa para repetir constantemente que aquela doença não pertencia a ela, repetindo "xô!" para o problema até que ele fosse resolvido. Ao receber o recado, compreendemos que a amiga só queria ajudar, mas que aquela enfermidade era da Fabiana sim. Dela e minha, já que a vida é conexão. Naquele momento, a gente não tinha como colocar um sorriso no rosto e se alegrar. Eu estava morrendo de medo de ver o amor da minha vida partir, não ia fingir que estava tudo bem. Aquela situação exigia de nós integridade. Há muito tempo aprendi que tudo o que nos acontece é para nos levar para o mais.

A vida sabe o que é melhor para nós. Em vez de "xô!", a Fabiana disse sim para a doença. Não com alegria, é óbvio, mas com concordância, aberta a entender o sentido daquilo tudo. No fim das contas, para a nossa alegria, ela se curou plenamente. O ocorrido deixou sequelas emocionais, mas ela seguiu adiante. Atualmente é ainda mais doce, amorosa e bonita do que antes. Dona do melhor abraço do mundo! Duvido que exista outro igual.

Para nós, o câncer foi um aprendizado imenso no sentido de dizer sim. Por consequência e aprendizado, passei a cuidar mais da minha saúde, não queria que os meus filhos corressem o risco de perder a mãe e o pai. Com isso, aprofundei o meu processo de cuidados com o corpo físico.

De quebra, tornei-me um marido com muito mais tolerância, amor e compreensão. Vi a morte de perto e não desejo mudar mais a minha esposa. Hoje, quando chego em casa e todas as luzes estão acesas e a casa bagunçada, contrariamente a dezenas de vezes anteriores, eu não brigo mais, não fico mais chateado ou bravo; eu abro um sorriso gigantesco no meu rosto, porque se a casa está desorganizada e com as luzes acesas é um sinal de que ela está lá. O dia em que eu chegar em casa e as luzes estiverem apagadas e a casa organizada será porque ela não vai mais estar lá.

As Leis da Vida me causaram a dor de que precisava para aprender a olhar para a grandeza da minha mulher. Estou falando aqui de uma jornada que tem início, meio, mas não tem fim.

Recomendo que reflita sobre tudo isso, sobre como a sua trajetória não precisa ser tão pesada. Apenas diga sim, aceite o que se apresenta, viva intensamente. Com isso, toda a sua força vai ser multiplicada por mil, pode acreditar.

Nos meus treinamentos, gosto de falar para os alunos do exemplo do dentista. Nas consultas para cuidar dos dentes, você obedece a todos os comandos desse profissional, certo? Abra a boca, feche, cuspa, não se mexa. Existe uma relação de confiança e você tem noção da importância dessa entrega. Por que esse modelo não pode ser replicado na hora de cuidar das suas emoções? Muitas vezes, peço para que as pessoas dancem, se soltem, e elas travam. Por que não dá para ser do mesmo jeito que é no dentista?

A partir de agora, comporte-se na sua vida como se estivesse no dentista. Entregue-se às Leis da Vida, aceite tudo o que lhe for apresentado.

capítulo 3
UMA VIDA MAIS LEVE É POSSÍVEL

A existência é simples, a vida é simples, você é simples. A questão é: queremos tanto controlar tudo que perdemos a simplicidade e não conhecemos mais qual é a nossa verdadeira conexão com a natureza, com tudo o que nos rodeia.

E aqui vai uma reflexão fundamental: somente as Leis da Vida libertam você de fato, levando-o à plenitude. É preciso aprender a viver respeitando essas bases, de onde tudo parte. Por isso, a solução para as nossas angústias está no conhecimento das leis, em seu pleno aprendizado. Renda-se a isso e seja feliz, é essa entrega que vai ajudar você a transformar aquilo que não está bom, que já não tem mais significado.

É doloroso não viver a vida que desejamos, não termos tudo o que queremos e não alcançarmos tudo o que sonhamos. No entanto, precisamos parar de nos martirizar e começar a agir.

Infelizmente, a maioria das coisas que acontecem na nossa realidade é imprevisível, ou seja, não é culpa nossa. Então, a partir de hoje, vou mostrar a você como ser responsável apenas pela parcela que lhe cabe, lidando melhor com todo o restante, com aquilo que não passa por você.

De uma vez por todas, pare de sofrer e gastar energia querendo mudar o que vai além da sua responsabilidade. Quando fizer isso, adquirirá domínio mental, emocional e físico. Poderá utilizar toda sua força mental, do coração e física a seu favor, e não contra a vida, contra a natureza, contra o fluxo vital, contra a correnteza. Assim, com liberdade, a vida que parecia estar contra você estará a seu favor.

Ao reconhecer as Leis da Vida, você encontrará a força necessária para conquistar um coração cheio de alegria e gratidão, uma alma serena como um lago, um corpo vibrante e em movimento, um mundo com você no comando e, de quebra, uma conta bancária com muito dinheiro.

Tudo isso pelo simples fato de que a vida simplesmente "é". E de que cada um de nós vive o "eu sou".

Sua vida extraordinária está ao alcance das mãos.

Agora, você pode se perguntar: *mas por que eu me submeteria às Leis da Vida? Por que eu me permitiria ser "fraco"?* São muitos os motivos, mas vou apresentar a você os meus, aqueles que me guiam para uma vida leve e realizadora.

Quando falo de uma vida gentil, estou falando que digo sim a tudo que foi, como foi, quando foi. Assim, concordo em ser filho de pais humanos e comuns, me alegro com esses pais, com a minha existência, digo sim à presença. Vivo no presente e no agora.

Sinto tudo o que vier: dor, medo, tristeza, raiva. Nego ser apenas um sobrevivente: eu vivo. Por uma vida totalmente leve, digo sim à consciência. E, consciente, vejo que sou humano e comum.

Não tento mudar as pessoas, amo-as como são. Por isso sou paz, contentamento, coragem. Por uma vida realizadora eu sou responsável pelas minhas escolhas e faço o que precisa ser feito sem qualquer resistência, arco com as consequências.

Eu sou o fluxo, o movimento, a ação. Por uma vida plena, coloco-me à disposição da existência. Sonho grande, determino metas claras e objetivas. Confio plenamente em meu talento e me levanto quantas vezes forem necessárias.

Eu sou luz, eu sou poder, eu sou a vitória!

A PIRÂMIDE DA BOA VIDA

Se você está interessado em uma vida abundante, sua construção deve vir de dentro para fora e de baixo para cima.

Na base – de baixo para cima –, você deve dizer um sim absoluto para a sua história, para tudo o que foi e como foi, para o fato de os seus pais serem exatamente como são. Nesse ponto, sua mente vai dizer que, na verdade, sua relação com seus pais é boa, você "se dá bem" com eles. Oriento que não minta para si mesmo, porque sempre há alguma coisa em nossos pais que gostaríamos que fosse diferente.

As pessoas que discordam do destino dos seus pais vão contra as Leis da Vida e, portanto, nadam contra a correnteza. Vida é Conexão; logo, nos desconectamos ao dizer que não precisamos mais dos nossos pais. Se você quer resolver quase todos os seus dilemas, aceite que seu pai e sua mãe são exatamente do jeito que são.

Aquele homem que deu as costas para você e para a sua mãe não era o seu pai. Era, tão somente, a dor do seu pai. Ele não era livre. Nenhum pai sente paz ao dizer que vai abandonar a própria família e sumir pelo mundo.

Aquela mulher que gritava pela casa, batia em você e dizia que você não daria certo em nada? Não era a sua mãe. A sua mãe é amor, pois todos fomos feitos à imagem e semelhança de Deus. Ela estava sob o domínio da mente – sob os 95% inconscientes da mente –, assim como você também está, independentemente se lida melhor com isso.

Aquele casal que brigou enlouquecidamente na sua frente e fez com que tomasse partido, saindo destruído no fim da confusão, não eram o seu pai e a sua mãe, eram duas almas muito machucadas. A dor de um ativava a do outro. Eles não deram conta de lidar com tantos conflitos e por isso se separaram, mesmo querendo muito ficar juntos. Não eram livres. Não tiveram a oportunidade que você está tendo agora, ao ler este livro. Sequer sabiam que podiam transformar a própria vida com consciência, com a entrega às nove Leis da Vida.

Sendo filho do homem e da mulher que o geraram – um fruto deles –, ao aceitá-los como são, você também vai passar a concordar consigo mesmo, fortalecer a sua autoestima. Tenho convicção de que a baixa autoestima tem ligação com a discordância de nossos pais. Se o seu pai é um desgraçado, você também é um desgraçado, por exemplo. Sua mente pode até achar que você está bem, mas, no fundo, não tenha dúvida: somos fiéis aos nossos pais de corpo e alma, não há escolha.

O segundo patamar da pirâmide significa: "Eu", então, cuide do filho dos seus pais. Eles cuidaram de você, e agora você precisa dar continuidade a este cuidado. Como está a sua saúde? Quanto de suas energias diárias são destinadas ao cuidado de si mesmo? Você faz terapia? Vai à academia? Tem uma alimentação saudável? Esse é só o início do caminho.

Ao se cuidar, você estará pronto para se envolver em um relacionamento amoroso. Para mim, essa é a maior terapia à qual um ser humano pode ser submetido. Ninguém arranca o monstro de dentro de você tão bem como o seu parceiro. E ele – ou ela – foi posto no seu caminho para este fim.

Você já leu o livro *Criando união*,[12] de Eva Pierrakos e Judith Saly? É uma obra para casais. Segundo as autoras, a alma que está ao seu lado foi colocada neste lugar para despertar em você o que você tem de pior, as suas sombras. E veja a beleza disso: ao olhar para as suas sombras, em vez de tentar mudar seu companheiro, você evolui – vai para a luz, como gosto de dizer.

---

[12] PIERRAKOS, E.; SALY, J. **Criando união**. São Paulo: Cutrix, 1996.

As 9 leis inegociáveis da vida

A geração de filhos que apontou muito o dedo para os pais, acusando-os de chatos, rigorosos, exigentes em excesso, precisa começar a assumir os próprios fracassos. Quem tem filhos jovens ou crianças, ao julgar quem veio antes, tendo prometido fazer melhor, sendo mais "amigo" do que responsável, errou feio. O papel do amigo não é dar uma dura ou ensinar uma lição. Cada um tem seu papel na sociedade, pai é pai e mãe é mãe, amigo é outra coisa.

Conheço muitos adolescentes e jovens que sequer arrumam a cama; filhos que parecem não ver que o pai e a mãe estão presentes; que nem trabalham nem estudam; que nunca foram estimulados a agir; mas que foram alvo da "pena" daqueles que o geraram. A meu ver, quando temos pena, não olhamos para a força da criança, mas para a fraqueza. Dessa maneira, não os preparamos para lidar com a vida. A vida também é dor.

No futuro, as consequências desse modo de educar a partir da fragilidade, sem dar autonomia, aparecem. São incontáveis os relatos de professores, assistentes sociais e psicólogos sobre a quantidade de jovens que apresentam episódios de automutilação.

O número de casos de câncer infantil também aumentou. A meu ver, em parte por essa dificuldade de gerenciamento das emoções, daquilo que os pais não ensinam as crianças a olharem. Segundo informações da Organização Mundial da Saúde (OMS),[13] a alta foi de 13% nos anos 2000, quando comparada com a década de 1980. Todos os anos, conforme levantamento

---

[13] CÂNCER infantil cresce 13% nas últimas duas décadas, aponta OMS. **Claudia**, 13 abr. 2017. Disponível em: https://claudia.abril.com.br/saude/cancer-infantil-cresce-13-oms/. Acesso em: 04 mar. 2021.

Uma vida mais leve é possível

do Instituto Nacional do Câncer (Inca),[14] cerca de 12 mil novos casos atingem meninos e meninas no Brasil.

Penso que nós, os pais da atualidade, não impomos limites aos nossos filhos porque, de algum modo, precisamos da aprovação deles, queremos saber se estamos sendo bons na função. Observe mais uma vez a hierarquia da pirâmide da boa vida. Se o seu filho não respeita você ou o professor na escola, certamente não respeitará o chefe no futuro. São pessoas que parecem não ter aprendido o próprio lugar, não possuem humildade. É assim que vejo as coisas acontecerem por aí.

Na casa de meus pais tinha um único ar-condicionado. Em que parte da casa você acha que o aparelho estava instalado? No quarto dele e da minha mãe, claro. Se você tivesse apenas um ar-condicionado em casa, onde estaria? Em muitas casas que conheço, no cômodo onde dormem os pequenos. Esquecemos que somos a base da vida dos nossos filhos, as árvores da vida deles. Se há um único ar-condicionado em casa, a meu ver, ele deve estar a serviço, primordialmente, dos gestores da família.

E tem mais: se você não cuidar de si, como vai tomar conta deles? Você precisa estar bem para acolhê-los. Minha filha Manoela, quando bem pequena, me desafiou. Já era tarde, passava das 21h, e ela estava na sala. No mesmo instante, mandei que fosse para a cama. Saí por alguns minutos e, quando retornei, ela ainda estava deitada no sofá. Quando me viu, disse: "Eu vou dormir aqui". Perguntei: "Filha, do que você está precisando?". Ela não me respondeu e fez beiço.

---

[14] CÂNCER infantil: a atenção aos sintomas pode salvar a vida de uma criança. **Uol.** Disponível em: https://www.uol.com.br/vivabem/noticias/redacao/2019/11/23/cancer-infantil-a-atencao-aos-sintomas-pode-salvar-a-vida-de-uma-crianca.html. Acesso em: 04 mar. 2021.

Sua vida extraordinária está ao alcance de suas mãos.

Percebi que tratava-se do jogo de quem era o mais forte. Fiquei diante da TV, pensando que ela logo cansaria e diria alguma coisa. Isso não aconteceu: ela continuava contrariada, com feição de choro. E eu ali, me enchendo de raiva.

No final, coloquei-a em um banco para conversar e pensei: *Agora ela vai se cansar*. Que nada! Me sentei na frente dela e perguntei: "filha, o que você quer?". Olhei profundamente nos olhos dela e disse: "Eu sou seu pai, estou aqui para você". Nisso, a cara feia foi sumindo e ela respondeu: "eu quero um abraço, pai".

Trouxe ela para perto de mim e reforcei que sempre estaria ali para ela, que sempre estive, mas nos meus termos, do meu jeito. Naquela hora, ela ocupou seu lugar na família, aprendeu a ser pequena. Os filhos sempre serão pequenos diante dos pais e, se não forem, a vida ficará muito pesada para eles. Precisamos ficar de olho em nossas crianças. Nossos filhos nos dão sinais. De algum modo, indicam que vão adoecer, usar drogas ou até mesmo cometer suicídio. Qual foi a última vez que você olhou nos olhos do seu filho?

Não é simples, sou pai e sei, mas precisamos estar inteiros para os nossos filhos e olhar para as dores deles. Entrar em negação não vai adiantar nada. Fingir que não está vendo não deve ser uma opção a ser considerada. Chega! Ocupe a posição de pai ou de mãe, siga em frente com consciência do seu papel e da sua força.

É por isso que explico, em meus treinamentos, que aqueles que honram seus pais vão além. Com isso, a pirâmide da boa vida fica assim:

As 9 leis inegociáveis da vida

NÃO EXISTEM DERROTADOS, SÓ DESISTENTES

Em meus treinamentos, trabalho com os alunos a ideia de que, na vida terrena, precisamos escolher o espaço que iremos ocupar, o de desistente ou o de persistente.

Durante minha caminhada, estudei e pesquisei muito, além de observar tudo ao meu modo. A principal conclusão desse processo, como você já sabe, é a de que a vida é regida por leis. Um dos pontos que quero deixar claro para você é a inevitabilidade, a inegociabilidade das Leis da Vida, que são, para mim, leis da natureza. Elas estão além de mim, embora eu as tenha organizado.

Olhe para a natureza e perceba que, para ela, a vida simplesmente acontece, ela desconhece conceitos que só a nossa mente produz como certo ou errado, bonito ou feio, justo ou injusto. Chega de esperar um ser humano ideal, um comportamento ideal, um companheiro ideal, pais ideais, um trabalho ideal, um país ideal. O seu orgulho é insignificante, assim como suas ideias preconcebidas.

VIDA É

Para começar a mudança, preciso reforçar em você aquela que chamo de Lei Magna: Vida É. Seja lá qual for a nossa compreensão das coisas, a vida simplesmente é. De nada adianta viver perguntando o porquê de tudo. Por quê? Porque é.

Ao viver a vida por completo com tudo o que ela nos oferece, conseguimos ser tudo o que queremos ser. A vida é, somente é. As noções de bom ou ruim, bonito ou feio, certo ou errado, justo ou injusto são apenas conceitos e opiniões suas.

É fundamental que haja entrega, consciência, entendimento e aceitação. Para isso existem as nove Leis da Vida, que trazem a clareza de que precisamos para viver em paz.

Não à toa, todas as leis são descritas como Vida É. Isso é para que você entenda que não há escolha, compreendendo a sua insignificância. Para que assuma a postura humilde, corajosa, grandiosa, digna e honrosa de olhar para a grandeza do Universo e dizer "ok, está bom assim". Com esse ponto de vista, você consegue entrar no fluxo da vida, parando de lutar contra aquilo que simplesmente é. Não é possível lutar contra tudo, ninguém dá conta disso.

Assim, você será livre para usar o mínimo livre-arbítrio que possui. E usará toda a sua energia, poder, força, obstinação, perseverança e amorosidade para construir uma linda trajetória a partir desse que chamo de mínimo arbítrio.

Se você quer o máximo arbítrio, vai ficar querendo. Ou pensa que pode arbitrar sobre quando e como seus pais vão morrer, se seus clientes vão ou não gostar de você, se fará sol ou chuva? Você não arbitrou sobre as emoções que sentiu no útero de sua mãe ou como seria o seu parto, por exemplo. Essas emoções impactam você até hoje.

Se ainda estiver no domínio da mente, insistindo que não queria que seu pai tivesse o abandonado ou que o mundo não foi gentil com você, não tem como sair dessa. Pelo contrário, você continuará levando uma vida pesada e cansativa. Não adianta querer que o mundo e que todos aqueles que o rodeiam sejam exatamente do jeito que você deseja.

É melhor sair do domínio da cabeça e ir para o do coração. É nesse ponto que você vai começar a sentir um profundo amor-próprio, por sua libertação. Virá a paz, enfim. E isso sem se sentir devedor, incompetente ou pecador. Sem achar que a grama do vizinho é mais verde. Quem está no amor profundo alcança esse estado, não se compara a ninguém, não se considera um ímã de coisas ruins. Apenas concorda que a vida é. Esse entendimento faz tudo mudar.

Precisamos nos observar pelas lentes do amor-próprio, não das aparências.

Banhado dessa compreensão, você tende a se contentar com a vida e a se alegrar. Há quem se pergunte como ser feliz em um mundo onde há tanta guerra, mas veja, essa pessoa idealizou a paz universal na própria mente, e não é assim que as coisas funcionam. A vida não deveria ser desse ou daquele jeito, a vida é. Render-se a isso muda tudo.

    A Vida É. Eu Sou.
    A Vida É. Eu Sou.
    A Vida É. Eu Sou.

capítulo 4

LV1: VIDA É MOVIMENTO

Onde há vida há movimento infindável

Tudo começou com um movimento corajoso e ousado. Um movimento que pode ter partido do seu pai, por exemplo. Primeiro, ele fixou os olhos na sua mãe. Sem conseguir desviar o olhar dela, suas pernas o levaram até onde ela estava, do outro lado do salão. Movendo os lábios, ele a convidou para dançar. Ela, por sua vez, moveu os lábios também e disse sim. Juntos, eles caminharam para a pista e dançaram pela primeira vez. Em um outro movimento, um ano depois, a sua mãe entrou por uma igreja para encontrar o seu pai diante do altar. Disseram sim para o compromisso um com o outro. Depois, eles se amaram e, desse amor intenso, o espermatozoide do seu pai encontrou o óvulo da sua mãe. Seguindo o fluxo, em mais um movimento decisivo, aconteceu a fecundação.

Desse movimento fez-se a vida. Em um novo movimento, sua mãe sentiu as dores e os enjoos da gravidez, alimentando-o por meio do cordão umbilical. Movimentando-se, seu pai também ajudou a cuidar da sua mãe por esses nove meses. Em um momento de expansão, em outro movimento, o corpo de sua mãe preparou-se para a sua chegada. Correndo, foram para o hospital; sua mãe foi colocada em uma maca e logo foi atendida. O coração de seu pai começou a bater forte como nunca tinha batido antes, um movimento agitado. Assim, em outro movimento, você veio à vida. O médico, movendo as mãos, foi o primeiro a acolhê-lo. Mexendo os braços, colocou-o no colo de sua mãe, onde você se aninhou e começou a mamar, outro movimento importante.

Depois vieram as mamadas, as trocas de fralda, os banhos, os choros no meio da madrugada, os passeios na pracinha, as idas ao pediatra, os primeiros passos.

Com um movimento, você abriu este livro. Em outro, anterior, eu o escrevi para você, dizendo que estou a seu serviço.

E aqui está a primeira das nossas nove Leis da Vida: Vida é Movimento. Onde há vida, há movimento infindável. Quando me dei conta disso pela primeira vez, fiquei encantado.

A melhor forma de explicar esta lei é pensar no seu sentido contrário: quando nossos sinais vitais param, há morte. Tanto é verdade que, quando há um corpo estendido no chão e precisamos verificar se a pessoa está viva ou morta, a primeira coisa que procuramos são sinais que comprovem a vida: o movimento no peito, o ar entrando e saindo ou o pulso.

Quando decidi organizar as Leis da Vida e escrever sobre isso, ficou muito claro o caráter inegociável dessas premissas.

LV1: Vida é Movimento

O uso da expressão "Vida É", aliás, traz essa noção. A nossa rebeldia não vai fazer com que as coisas sejam diferentes.

Explicando melhor: simplesmente porque Vida É, podemos dizer que vida é movimento, presença, verdade, conexão e dor.

Estar em movimento, por exemplo, não é uma escolha. É diferente de querer ficar "plantado" em casa, sentado diante da televisão o fim de semana inteiro, o que é uma opção. Se exagerarmos nesse ato e não nos movimentarmos, desrespeitaremos a primeira lei. Logo, a vida provavelmente vai nos obrigar a realizar uma consulta médica, e consequentemente o médico orientará a prática de atividade física.

Observe atentamente sua existência e seu cotidiano. Faz bem para o seu corpo estar em movimento, isso o fará ter mais energia, viver melhor, trabalhar melhor, estar em paz consigo – descansando nos momentos corretos – e com os outros. Você vai se sentir muito mais confiante e cheio de energia.

Quanto mais seguir na zona de conforto, mais os efeitos dela vão se agravar.

Pense na força do fluxo do rio da vida. Quer você queira ou não, ele vai fazer com que mude de rumo e, mais cedo ou mais tarde, vai engolir você. Se sua mente briga com as leis é porque elas colocam sua consciência em um lugar em que ela não quer estar. Tenha consciência de que a sua mente só quer que você sobreviva, buscando estabilidade onde isso não existe. Quando digo estabilidade, não é em relação ao emprego, por exemplo, mas na ilusão de que é possível viver e lidar com a sensação de que falta algo.

O SACUDIR DAS ÁRVORES

Além de a vida nascer de um movimento, podemos dizer que a ação está em tudo. Está no movimento do vento ao sacudir as árvores, no qual uma semente cai no solo. Está no solo que acolhe a semente, que se aprofunda na terra, em movimento, e a vida floresce. Está no movimento das raízes que se prendem ao solo, fazendo com que surja uma árvore. Em movimento, os raminhos vêm, o caule surge, e depois os galhos e as folhas. Em movimento, as folhas caem e se decompõem, incorporando-se ao solo de novo.

É por isso que, ao terminar esta leitura, você sentirá uma força que vem de dentro. De repente, será impulsionado, empurrado a fazer alguma coisa.

Como se não bastasse o fato de a nossa vida ter sido produzida em movimento, digo ainda que:

Vida é movimento!
Movimento é energia!
Energia é força!
Força é poder!

Pense no que acontece em uma usina hidrelétrica: as águas mexem as turbinas, e a atividade das turbinas gera energia. Logo, energia é força. Inclusive, na língua portuguesa, essas palavras são sinônimas. Se falta luz, às vezes dizemos que "caiu a força".

Em Porto Alegre, existiu um clube de futebol que se chamava Grêmio Esportivo Força e Luz, o time dos funcionários da companhia de energia elétrica do Rio Grande do Sul; em Santa Rita do Sapucaí, no Sul de Minas Gerais, os presos de bom comportamento ajudam a produzir energia elétrica.[15] Para isso, há

---

15 DETENTOS pedalam para produzir energia elétrica em presídio em Minas Gerais. **G1 Globo**, 23 jun. 2012. Disponível em: http://g1.globo.com/jornal-nacional/noticia/2012/06/detentos-pedalam-para-produzir-energia-eletrica-em-presidio-em-mg.html#:~:text=Pular%20Abertura%20In%C3%ADcio-,Em%20Santa%20Rita%20do%20Sapuca%C3%AD%2C%20no%20sul%20de%20Minas%2C%20a,indica%20a%20hora%20de%20parar. Acesso em: 30 mar. 2021.

LV1: Vida é Movimento

duas bicicletas instaladas no pátio do presídio local. Por meio de correias, o movimento de pedalar produz a energia, que vai carregando, aos poucos, duas baterias. Depois, os equipamentos servem para iluminar parte de uma praça da cidade.

É por isso que não podemos nos esquecer jamais de que força é poder e de que poder é sinônimo de conseguir. Ao entrar em movimento, você gera energia. Ao gerar energia, você produz força, e é essa força que vai lhe dar poder. Seja como for, a vida obriga você a entrar em movimento, indo para a academia ou tendo que ir para o hospital um dia. Ou você cuida dos seus filhos enquanto são crianças ou precisará cuidar deles adultos, quem sabe até assumir a responsabilidade por seus netos.

Você nunca vai descobrir quem é se ficar se escondendo da vida.

Mas os movimentos, claro, trazem consigo dificuldades. Agir desperta sensações, reações físicas. Achamos que temos a escolha de fazê-los ou não. Sempre que vou falar das Leis da Vida, explico que é difícil refletir apenas sobre uma lei.

Por exemplo, a quinta lei: Vida é Dor. Um dos motivos pelos quais queremos fugir do movimento é porque nos causa dor, e não queremos vivenciá-la. Nessa hora, as Leis da Vida se colocam a sua frente, trazem-lhe de volta para o "Vida É". É como se dissessem: "Você está na contramão, meu filho. Olha lá". Se você fugiu da dor da musculação, pode ter que encarar a dor do excesso de peso depois, por exemplo.

Se quiser muito da vida – e está tudo certo em querer muito –, sonhe com a prosperidade, com a plenitude, mas saiba que essas conquistas requerem ações. Enquanto avança na leitura, quero que pense no quanto tem feito para conseguir realizar os seus sonhos. Quer um casamento feliz? Então pense no que é preciso para torná-lo feliz. Você faz alguma gentileza por sua esposa ou por seu marido? Ou tem medo do que seus amigos vão falar?

Se as pessoas soubessem que cultivar um casamento e fundir duas vidas é potencializar nossas forças mais profundas e atingir uma alegria inominável, não ficariam sós, com medo do amor e da dor, acreditando na própria mente que mente que amar não pode dar certo.

Quer prosperar? Como tem agido pelo crescimento da sua empresa? E a sua saúde, como vai? O que faz para fortalecê-la? Você costuma ir ao médico? E ao dentista? Faz algum tipo de atividade física? Cuida da sua alimentação?

Perceba que estou chamando e convidando você a pensar em como é bom sonhar, desejar e realizar uma série de coisas, mas sem se esquecer da ação, do que pode levar você a conquistar tudo aquilo que deseja. Vamos avançar nisso agora mesmo.

UM CONVITE AO MOVIMENTO

Colocando todas essas reflexões em prática, vamos aos primeiros quatro dos sete movimentos para que você, de fato, comece a agir. Mais adiante, no Capítulo 13, fecharemos a lista com os três restantes.

1º MOVIMENTO: LIDERANÇA RESPONSÁVEL

Você é o líder da sua vida. Se ela não está tão boa quanto deseja, é por algo que fez ou deixou de fazer. Pare de culpar os outros pelas consequências das suas escolhas e olhe para si, tenha consciência da sua responsabilidade.

LV1: Vida é Movimento

Liderança responsável significa assumir a responsabilidade pela própria vida, ou seja, não depositar seu destino nas mãos de ninguém. Quantas vezes você já se colocou no papel de vítima? Nos tornamos líderes, de fato, quando nos responsabilizamos por nossas escolhas e arcamos com as consequências delas.

Vida é movimento, não certeza.

Devemos sair da ilha onde sonhamos e fantasiamos com alguém impedindo nossa caminhada. Mesmo que sejam inconscientes e estejam enraizadas em nossa programação mental, são as escolhas que fazemos que definem o nosso fluxo de vida.

Não há outra saída a não ser o caminho profundo do autodesenvolvimento. Somos sempre os responsáveis, mesmo que haja influência dos pais, do sistema ou do que quer que seja. Ninguém além de você vai mudar a sua vida.

Pense agora no último fato que lhe trouxe muito incômodo, algo que aconteceu no seu entorno e resultou em muita raiva. Qual dessas duas opções mais identifica o seu comportamento?

- Você reclama, acusa, esbraveja e culpa algo ou alguém;
- Você reflete e pensa: *Qual a minha parte nisso?*.

Escolha sempre a segunda opção para fluir na vida. Quando nos concentramos em reclamar, acusar, esbravejar, não conseguimos avançar. Então, a partir de hoje, pergunte-se o que você pode fazer para que isso não se repita. Não podemos esperar que as pessoas nos ajudem, que estejam sempre a nosso serviço. Estamos falando do mundo real, onde somos, ou deveríamos ser, responsáveis por nós mesmos. Podemos até estar indignados, mas não acusamos ninguém se temos essa consciência.

Um motivo que explica o porquê de não assumirmos a liderança da nossa vida é não acreditarmos no poder ilimitado que possuímos.

As 9 leis inegociáveis da vida

2º MOVIMENTO: PODER ILIMITADO

Você pode ir além! O fundamental é buscar a evolução.

Temos capacidades infinitas, contudo muitos não acreditam nelas. Por exemplo, observe os recordes olímpicos que são alcançados; a ciência e a tecnologia evoluindo constantemente; as viagens para a Lua que já aconteceram e tantos outros feitos científicos. Todo esse poder ilimitado não é só físico, mas também psicoemocional, espiritual e intelectual.

A dificuldade está em nosso interior, onde existem muitas dores e ciclos não concluídos. Essas barreiras diminuem nossa autoestima, fazendo com que não acreditemos em nós mesmos. Além disso, transferimos para os outros as soluções que desejamos para as nossas Vidas.

Permanecemos anestesiados, presos no domínio da mente. Não sentimos profundamente as emoções. Negamos o medo, a tristeza e a raiva, e por isso não sentimos completamente o poder que temos. Precisamos mergulhar profundamente em nós mesmos, praticando autocuidado, e nos submetermos às Leis da Vida para então acessar e experimentarmos esse poder.

Devemos dar uma nota para a nossa própria competência, amorosidade e perseverança. Com base nessa nota, entenderemos que somos muito mais do que nos avaliamos. Pare para pensar no assunto sozinho e estabeleça que avaliação seria essa. Utilize a tabela a seguir para avaliar-se, aproveite as linhas extras para estabelecer novos quesitos que merecem a sua atenção. Faça agora, não deixe para depois.

A vida começa quando você salta do aquário. Ou quando a vida o quebra.

As 9 leis inegociáveis da vida

ITEM AVALIADO	AUTOAVALIAÇÃO	VERDADE
COMPETÊNCIA		∞
AMOROSIDADE		∞
PERSEVERANÇA		∞

    O caminho da autotransformação e do autoconhecimento é o mais difícil, penoso e longo, mas, ao mesmo tempo, o mais íntegro, sólido e duradouro. Ao fazê-lo, desejo que experimente o mesmo que eu: uma conexão com a força mais profunda que estava em mim. Acreditei e cumpri os princípios, conseguindo acessar o meu poder ilimitado. Para que alcance o seu, é preciso decidir quem estará nessa jornada com você, uma escolha muito importante também.

    Sonhe grande e coloque em ação. Viva grande!

3º MOVIMENTO: SELEÇÃO DE CRAQUES

    Busque sempre estar entre os melhores – ao lado de campeões – se quiser evoluir. Podemos comparar o mundo externo a uma selva ou a uma batalha. Para fluirmos na vida, portanto, precisamos ser craques e, eventualmente, fazer escolhas difíceis.

    As pessoas próximas a nós não precisam ser exageradamente competentes no que fazem, mas devem se destacar na vida, ser capazes de nos impulsionar e de nos levar além. É necessário ter sabedoria ao selecioná-las. Ao desenvolver a técnica, psicoemocional e espiritualmente, você conseguirá distinguir essas pessoas e, por consequência, atrairá outros craques.

Não fique com a consciência pesada, você deve se proteger dos "pernas de pau" que o rodeiam. Não é preciso excluir ninguém da sua vida, apenas conviver um pouco menos com algumas pessoas, porque as que trilham caminhos diferentes do seu podem influenciá-lo a deixar a própria jornada de lado. Por isso, devemos respeitá-las e honrá-las e, ao mesmo tempo, nos preservarmos.

4º MOVIMENTO: EDUCAÇÃO CONTINUADA

"Eu só me comprometo com o que entendo." Então por que não buscar mais conhecimento para continuar avançando? Outra ação que precisamos colocar em prática para fluir na vida é investir em desenvolvimento humano, fazer atualizações profissionais e também quebrar a grande barreira do nosso sistema psicoemocional e espiritual.

Existem pessoas inteligentes que fracassam e pessoas que possuem limitações intelectuais, mas que têm muito sucesso. Isso nos mostra que só a técnica não basta. Por isso, reflita sobre a quantidade e a qualidade do tempo que está dedicando ao próprio desenvolvimento psicoemocional e espiritual, e se está investindo mais no desenvolvimento ou no aprimoramento técnico.

Não vamos muito longe sem conhecimento. É a expansão biopsicoemocioespiritual, o domínio e a submissão às Leis da Vida que nos fazem avançar como verdadeiros "trens-balas".

O autoconhecimento é a nossa verdadeira fortuna.

OS MMPS

Importante: sempre tenha um Mínimo Movimento Possível, Médio Movimento Possível ou Máximo Movimento Possível (MMP) a sua disposição. O mínimo, médio ou máximo movimento possível é aquela ação que requer um movimento – independentemente da intensidade – significativo seu para realizar algo. Basicamente, sair da inércia e agir. Compreendendo o tamanho do esforço que será necessário para começar uma ação. Comece devagar, mas comece. Só basta querer. Normalmente as pessoas gostam de complicar, julgando ser difícil dar o primeiro passo, por isso resistem. Mesmo que a sua mente queira invalidar as atitudes que toma, mesmo que você se sinta ridículo, vá em frente. O seu papel é observar a própria mente e dizer a ela: "eu consigo, é assim que vou conseguir".

Mas como se aplica o MMP? Por exemplo, você está tentando perder 10 quilos há alguns anos, mas não consegue começar, ou sair do lugar. Por que não tenta perder só meio quilo, para começar? Algumas pessoas dizem ser impossível caminhar meia hora por dia, como o médico pediu. Mas e se fossem apenas quinze ou dez minutos? Você conseguiria? Caso tal meta seja seu Mínimo Movimento Possível, perfeito. Comece, pois tudo o que quero é que você se mexa.

Ao escolher partir para a ação, caminhar apenas dez minutos por dia – ao contrário de não fazer nada –, você pode terminar o ano bem mais próximo da meta que estipulou (no caso do exemplo, emagrecer). Ao fazer o mínimo, quando se der conta, estará fazendo o médio e depois o máximo, é assim que funciona. Caso esteja confortável, confiante e disposto, pode começar pelo médio.

Desta forma, você poderá construir uma vida nova. Logo, saia do aquário, meu querido!

LV1: Vida é Movimento

Se a vida que leva não o satisfaz, você pode viver de outro modo. Se quer mais, vá atrás. Por isso o convite para que saia do aquário – um local protegido, onde você conhece os outros peixinhos, a temperatura da água não muda, não tem tubarão e você conhece bem cada pedacinho do lugar.

Eu mesmo estou saltando do meu aquário escrevendo este livro. Demorei muito para começar, levei anos para confiar nos treinamentos a distância e me coloquei barreiras. O primordial foi sair da caixa e, para ser franco, poderia ter saído há anos e atendido pessoas de todo o país e do exterior muito antes do que comecei. Mas tinha medo e me sentia confortável do jeito que estava.

NOVOS OCEANOS

Não espere a vida quebrar o seu aquário, porque isso vai acontecer. Crie você mesmo novos oceanos. O que consegue fazer com mínimos, médios e máximos movimentos possíveis? Nunca deixe que a busca pela estabilidade, segurança e certeza o aprisione no aquário da vida.

Vida é movimento, não é certeza.

A seguir, vamos avaliar as consequências de uma vida estagnada e os benefícios da ação, com o real desejo de mudar para melhor.

No modo paralisia, você começa a abrir mão dos movimentos grandes do cotidiano e depois até dos pequenos. É neste momento que entram as travas nos sonhos, nas atitudes, nas conversas, na partilha e ao encarar as pessoas. Você simplesmente empaca, não sai do lugar.

A vida começa quando você salta do aquário. Ou quando a vida o quebra.

A porta da procrastinação se abre e você não se mexe mais, não faz sequer o mínimo. Neste ponto, muita gente apenas idealiza as coisas. Quer fazer tudo na hora certa, com quantidade e qualidade. A questão é: você não precisa fazer certo, mas lançar-se, seja como for. Se quer meditar e não tem tempo, medite por dois minutos. Se precisa caminhar, vá até a padaria mais próxima e volte, mesmo que seja um trajeto que dure cinco minutos. Desça um andar de escada, estacione o carro uma quadra antes. O mínimo é o antídoto para que você saia do estado de procrastinação.

Então, tudo o que você tem fica parado: sua saúde física e mental, sua conta bancária para de crescer e os clientes deixam de aparecer, por exemplo. O efeito disso é a pobreza em tudo: bens, relacionamentos, ânimo, saúde e por aí vai. É como se você fosse se anulando e se aniquilando, fazendo mal para si mesmo. O vazio e a falta de propósito ganham espaço. A ausência do movimento nos leva à doença, ao fracasso, ao divórcio, à doença dos nossos filhos, à morte.

Sua decisão não pode ser outra a não ser mover-se.

OS BENEFÍCIOS DE SE VIVER EM MOVIMENTO

Quem se coloca em movimento vive. Recebe amor, sucesso e saúde. Tomar uma atitude vai conduzi-lo a uma vida de fluidez, abundância, riqueza e prosperidade. Você não vai mais ter cansaço, não terá mais a sensação da resistência à dor. Se sente o peso dos projetos não realizados é porque parou de se mexer. Seguindo as propostas oferecidas ao longo de nossa jornada, você continuará se sentindo cansado no fim do dia

LV1: Vida é Movimento

porque acabou de dar o primeiro passo. Mas muito menos do que se sente hoje.

Quando nos colocamos em movimento, produzimos energia vital. Sim, o corpo gera energia. Muitas pessoas com idade avançada, ou com limitações físicas, chegam aos meus treinamentos dizendo que só vão assistir, sem fazer nenhuma das atividades propostas. Quando o programa começa, são tomadas por uma energia tão forte que surge uma vitalidade indescritível, um sentimento de querer viver, de realizar todos os sonhos deixados de lado ao longo da vida. É lindo de presenciar.

Mova-se, pois, quando cessa o movimento, cessa a vida. Quanto mais movimento, mais vida.

EXERCÍCIO

Vamos arregaçar as mangas e começar a agir? Coloque-se em movimento a partir do exercício a seguir. Bom trabalho!

Identifique algo que você precise fazer, mas não está conseguindo, e determine o mínimo movimento possível para viabilizar tal atividade. Faça o que é preciso ainda hoje e tome cuidado com a sua mente, que acha que mínimos movimentos são insignificantes e não valem a pena. Depois, filme ou fotografe a execução. Isso vai lhe ajudar a reconhecer a missão cumprida.

capítulo 5

LV2: VIDA É PRESENÇA

*Presente fique:
e sinta o que vier.*

Seja bem-vindo à segunda Lei da Vida, aquela que diz: Vida é Presença. Já começo destacando o quão impositiva é esta lei. Principalmente no contexto em que vivemos, em que há tanta dispersão e são tantas as possibilidades de sair do foco: redes sociais, mensagens que chegam a todo o tempo no celular, aplicativos com notificações.

Como descreveu o escritor e pesquisador alemão Eckhart Tolle em *O poder do agora*,[16] passamos a maior parte do tempo

---

[16] TOLLE, E. **O poder do agora**. Rio de Janeiro: Sextante, 2000.

no passado, pensando no que ficou para trás; e no futuro, fazendo planos. Assim, ignoramos o presente e adiamos nossos sonhos para sabe-se lá quando.

Você pode se perguntar o porquê de estar no aqui e agora e a relevância disso na prática. Bem, é simples. Nós vivemos única e exclusivamente no presente, não existe outro tempo. O passado já passou e o futuro ainda não chegou.

Em um dos nossos treinamentos mais conhecidos do Grupo Scalco, o Autoestudo, trabalhamos bem essas questões e nos perguntamos: onde é possível estar? No futuro, no passado, no ego, nos outros? Ou naquele ponto que chamo de Eu Agora.

Veja bem, quando se está no futuro, é possível sentir ansiedade. Quando se está no passado, de tanto remoer o que foi ruim, pode-se estar a caminho da depressão. Quando se está no ego, a mente o domina. Logo, não fazemos escolhas. A mente é um ser autônomo, tem vida própria, nos governa, tirando de nós o discernimento e fazendo com que nossas crenças e feridas nos ceguem. Já quando estamos olhando para os outros, apontando o dedo e criticando, também saímos do nosso eixo, nos afastamos do aqui e agora.

Ao respeitar a segunda Lei da Vida, alinhamos mente, corpo e emoções ao fluxo da nossa existência. Sim, é possível encontrar tudo no mesmo lugar. É exatamente no aqui e agora que conseguimos concluir ciclos passados e situações mal resolvidas. Não é preciso voltar lá atrás, é no presente que os planos para o futuro são feitos. Você se planeja e já se coloca em movimento. O alinhamento entre a harmonia e a mente, o corpo e as emoções, traz a força para nos movimentarmos e deixarmos que o fluxo da vida nos leve.

Vida é Presença. Não há escolha, você vai estar presente. Tem muita gente por aí que está na vida dos outros, no futuro,

LV2: Vida é Presença

no passado, no ego. Por exemplo, se não estiver inteiro para a sua esposa, provavelmente nunca a notará. Não vai perceber que ela pintou o cabelo, que está triste ou com saudades porque você está muito preocupado com seu time de futebol ou com os negócios. Se não estiver presente de corpo e alma para ela, a vida vai dar um jeito de trazer você para o aqui e agora, vai alinhar a sua mente, o seu corpo e as suas emoções. Não existe lugar vago no Universo, estão todos preenchidos. Se não estiver ocupando o seu lugar de marido, tenha certeza de que alguém ocupará.

Mantenha-se presente e consciente.

ATENÇÃO ÀS FINANÇAS

Não sou expert em finanças empresariais, mas tenho conhecimentos que me permitem cuidar da minha empresa e ainda ajudar alguns pequenos e médios empresários. Fiz até um programa de contabilidade gerencial para me aprimorar nesse campo.

Em 2003 e 2004, não estava presente ou conectado ao fluxo de dinheiro do meu negócio. Estava vendendo os nossos serviços feito um louco pelo mundo e fazendo as minhas entregas – o que também era importante naquele momento.

Um dia, nem me lembro qual, parei e olhei para as finanças do grupo e fiquei chocado com a situação. Agora é a minha vez de perguntar: onde estavam a minha mente, o meu corpo e as minhas emoções? Como lidar com o medo estrondoso de desonrar o nome do meu pai e da minha mãe diante daquela dívida gigantesca que descobri?

Tratei de me situar no aqui e no agora e fui contar a eles que tinha feito besteira, ido na direção contrária à que eles haviam indicado. No fim, bati na porta dos meus principais clientes e tive de assumir que o consultor deles havia fracassado. Quando consegui reunir doze pessoas – funcionários para quem tinha vendido sonhos, ideais, que haviam sido convidados para contribuir com a felicidade dos outros, que acreditaram o meu projeto –, precisei demiti-los. Novamente, onde estavam a minha mente, o meu corpo e a minha alma? Não conseguia pensar em mais nada, a vida me trouxe para o presente. E fez isso de mãos dadas com outra Lei da Vida, sobre a qual vamos conversar no Capítulo 8: Vida é Dor.

Vida é Presença e Vida é Dor são conceitos que trazem você para o aqui e agora. Devemos pensar no "Vida É" sob o ponto de vista do amor e da presença de Deus em nossas vidas. Um Deus que apresenta lições, oportunidades de crescimento e amadurecimento, e não que castiga. É nisso que acredito. Aquela dívida da empresa me trouxe tanta dor que me fez aprender a lição, levando-me exatamente para onde deveria estar.

DE CORPO E ALMA

Em 2020, dezesseis anos depois, veio a pandemia da covid-19, e, com ela, a procura pela nossa principal fonte de renda, os treinamentos presenciais, zerou. A diferença é que agora eu estava de corpo e alma cuidando da minha empresa.

Quando a vida me aplicou dois tapas na cara e me chamou para a responsabilidade no passado, não me rebelei. Não me perguntei o porquê daquilo tudo. Apenas pensei: *É mais um aprendizado que preciso vivenciar.* Afinal, se um curso técnico, duas faculdades e uma pós-graduação não me ensinaram o que precisava saber em relação às finanças empresariais, quem sabe aquela situação não me educaria. E assim aconteceu. Tanto que, diante da crise mundial provocada pela covid-19, enfrentamos dificuldades, mas não desligamos nenhum colaborador por motivos econômicos. Pelo contrário, contratamos mais seis. A vida já havia quebrado o meu aquário uma vez e a história não se repetiria mais. Agora eu já estava no oceano, na abundância. Já havia fincado os meus pés no chão sem deixar a mente longe, com a imaginação solta, idealizando um futuro grandioso para mim, para a minha equipe, meus sócios, minha esposa, meus filhos, meus clientes.

Desta vez, a vida não precisou me trazer para o aqui e agora. Muito embora eu não me delicie quando tenho que estudar as finanças, faço isso com rigor, periodicamente, e dedico atenção. Ao menor sinal de que estou colocando em risco a empresa, aquela dor do passado aflora em mim. Não quero nunca que me deixe, pois uso-a a meu favor. O objetivo é lidar com os desafios, mas sem ver o aquário quebrado outra vez. Outros problemas vão aparecer em outras áreas – às quais ainda não estou dispensando a devida atenção –, mas nessa não mais. Uma vez foi o suficiente.

A vida sempre vai trazer você para o aqui e agora. Por isso, comece a exercitar essa habilidade imediatamente por meio da meditação – uma excelente prática que lhe ajudará a se conectar com o presente. Há vários programas de curta duração disponíveis em plataformas como o YouTube e o Spotify. Você também pode observar diariamente, por quinze minutos, uma plantinha crescendo. Lembre-se da primeira lei e do MMP: comece, nem que seja pelo menos por dois, dez ou quinze minutos.

A sua mente está acostumada a sair do aqui e do agora porque, muitas vezes, dói estar no presente. Permanecer e sentir tudo o que vier nem sempre é simples. Se os números não estão azuis, é difícil olhar para a contabilidade. Para mim, estar em cima do palco no meio dos meus alunos – com mil pessoas ao meu redor – é o que mais me alegra e encanta. Mas há momentos em que não posso escolher, a vida me ensinou e é para lá que devo ir. Preciso cuidar da minha empresa.

Espero, sinceramente, que essas reflexões tenham feito sentido para você.

O MOVIMENTO DA PRESENÇA

Para alcançarmos um estado de presença, o movimento é uma ação essencial. O movimento que levou você até a plantinha para a qual ficou olhando por quinze minutos, por exemplo, preparou sua mente para esse novo foco. Essa ação que a princípio parece pequena é suficiente para lhe ajudar a se manter presente. O mesmo acontece quando você se senta para meditar ou escolhe um ambiente sem interrupções para ler este livro.

Movimente-se e observe. O passado já foi, então siga em frente. As paralisias do presente muitas vezes estão ligadas à discordância com o que aconteceu há anos, à não aceitação, ao julgamento e às críticas que não tiveram resolução. Por isso, não ocupe sua mente com outro tempo. Além daqueles que estão presos a situações do passado, que os impedem de avançar, temos também as pessoas que estão tão preocupadas com o futuro que acabam deixando esses pensamentos gerarem ansiedade, paralisando-as em um espaço vazio.

Por vivermos cheios de expectativas e exigências, temos dificuldade de viver no presente. Logo, as compulsões, a agitação e o estresse acontece. Entenda que a exigência não cria o

Estar na presença é concordar e render-se ao presente, à realidade.

movimento; pelo contrário, ela cria uma imagem idealizada de perfeição de como a sociedade acredita que deveria ser seu relacionamento, por exemplo. Pensar assim é se manter no ego, criar padrões, molduras, viver no aquário, como já refletimos anteriormente. Neste caso, o aquário que nos traz uma sensação de conforto e de domínio é falso na vida real.

Você está vivo, então não se angustie. O fluxo natural da vida lhe mostrará como resolver o que está fora do seu alcance, no momento certo. Preocupe-se em estar no presente.

Estar na presença é concordar e render-se ao presente, à realidade.

Quando surgirem diversos questionamentos sobre relacionamento, carreira e filhos e você não souber como resolver, foque-se no presente. O que você pode fazer agora? Por exemplo, você está no primeiro encontro, conhecendo uma pessoa nova, conversando, rindo e se divertindo, quando, de repente, sua mente o domina com pensamentos sobre o futuro (casamento, filhos, casa própria e até mesmo divórcio). Neste momento, foque-se no que você está vivendo aqui e agora, no olhar do seu companheiro, no papo entre vocês, na comida que está na mesa. O que cabe a você, hoje, é estar presente.

Fique na presença: suportar o presente é suportar a vida real.

Presença é aceitação e concordância com aquilo que é possível. Somente o agora é possível, é tudo o que somos e temos. Quem diz sim para o agora vive o amor e passa pela dor. Se estamos conscientes e presentes, lidamos melhor com nossos conflitos. Diga adeus ao passado e abra-se para aquilo que é possível. Para a vida agora exatamente do jeito que ela é – bem diferente do planejado –, que nos obriga a lidar com aquilo que temos.

O que vai além do presente é fantasia.

DOMINADOS PELA MENTE

Tenha autocompaixão. Sair do presente não significa falta de amor-próprio ou que se é uma má pessoa. É apenas um sinal de que a mente está no domínio da zona de conforto. Se vivêssemos conectados com a nossa alma e com a noção do que a vida simplesmente é, não haveria tanto sofrimento.

Dominados pela mente, temos a noção de que a vida é hostil o tempo inteiro, sentimos que devemos sair correndo, fugir de onde estamos e abrir mão do aqui e do agora. A mente acelerada inventa situações quando não tem certeza do que vai acontecer para nos tirar do presente. Quando não estava inteiro para a minha empresa porque só queria o conforto de fazer o trabalho que amo, doze pessoas foram desligadas, decepcionei minha esposa e meus pais. Minha autoestima despencou e me senti um incompetente. No fim das contas, percebi que tinha muito a aprender. Causei muita dor a muita gente por não estar presente.

O movimento nos traz para o presente e o presente nos traz para a verdade.

Por isso, acorde e vivencie a mudança de temperatura. Uma vida morninha e medíocre é resultado da sua não presença. Como um marido não percebe a infelicidade de sua esposa? Como um pai não percebe que seu filho está com um comportamento estranho por ser usuário de drogas? Eu mesmo, como fui o último a saber que minha empresa estava quebrada?

Claramente é uma questão de estar presente. Você precisa estar inteiro, de corpo e alma. Não é necessário trabalhar mais horas em seu negócio, mas evitar distrações. Aproveite um tempo de qualidade com seu filho longe do celular por pelo menos trinta minutos diariamente. Abrace, brinque, olhe nos olhos dele. Esteja presente.

Aceite e aprenda a respeitar esta Lei da Vida.

A pergunta libertadora: qual movimento eu posso fazer agora?

Quando algo der errado, pergunte-se: o que eu posso fazer agora? Esse questionamento o libertará do futuro, do passado, das outras pessoas, do ego, das desculpas, das justificativas, das acusações etc. Se seu negócio está afundando em dívidas, qual é o próximo passo? O que você pode fazer?

Você deve se fazer essa pergunta todos os dias, a qualquer momento. Especialmente diante dos fatos da vida que causam dor e o deixam com vontade de sair correndo. Deste modo, você cumprirá duas Leis da Vida: Vida é Movimento e Vida é Presença. Isso é uma bênção. Pense sempre no que pode fazer. No presente sentimos tudo, realizamos, construímos e prosperamos.

LV2: Vida é Presença

EXERCÍCIOS

1. Simplesmente observe a natureza. Vá ao quintal da sua casa, a uma praça ou a um parque. Sente-se e contemple o cenário por quinze minutos. Quando se perder em pensamentos, volte à observação. Foque-se no que você vê, perceba-se neste espaço.
2. Faça uma *playlist* com músicas de que você goste muito e que o façam lembrar de momentos felizes;
Reúna fotos de família;
Fique sozinho em um ambiente fechado, peça para não ser interrompido;
Coloque a *playlist* para tocar e observe as fotos. Descreva as imagens como se elas contassem histórias. Faça isso em voz alta, expressando todos os sentimentos que vierem. Todos: saudade, tristeza, raiva, alegria, amor, medo, angústia, o que for;
Depois de no mínimo quinze e no máximo trinta minutos, ainda ao som de uma música especial, escreva um texto em um papel, caderno ou bloco de anotações com o essencial de suas percepções, memórias e, principalmente, sentimentos durante esse exercício. Descreva-os em detalhes, inclusive as sensações físicas;
Permita-se, permita-se, permita-se, permita-se, permita-se, permita-se...

capítulo 6

LV3: VIDA É VERDADE

A verdade sempre prevalecerá

Esta Lei da Vida é tão ampla que se conecta com muitos aspectos da nossa existência. Por que vida é verdade? Simples: porque não há outra opção senão viver na verdade. A mentira tem perna curta, não se sustenta. Cedo ou tarde, a verdade sempre vem à tona.

Penso que a maioria das pessoas vive bem com esse fato, e que os mentirosos sem controle são poucos. O grande problema é "a mente que mente" – um trocadilho para a distorção da realidade causada pela própria mente. Ela manipula, domina, omite e nega fatos, tirando nossa lucidez. Quando a mente inventa histórias, deixa-nos inconscientes. Com isso, damos ouvidos às nossas crenças limitantes, acreditamos que não merecemos a prosperidade, a abundância e o amor e mergulhamos no medo e na escassez. Pare por um instante e pense.

Observe se a sua mente não diz a você que sua vida é escassa quando, na verdade, é abundante; que você não merece a felicidade, mas vive em plenitude. Você acredita nela facilmente, acha que não é capaz e que não consegue enxergar além desses pensamentos. Mas tudo está ao seu dispor.

Não caia nas armadilhas da sua mente. No fundo, ela só quer proteger você da dor e da iniciativa de encarar os próprios problemas como se deve.

Para ilustrar, costumo dizer que somos divididos por um percentual de 95% de inconsciência e 5% de consciência. Ou seja, temos a ilusão de que controlamos nossas ações, o que é impossível. Como destacou Michael Arruda em *Desbloqueie o poder da sua mente*, o nosso subconsciente – também chamado de inconsciente por outros autores – foi programado para nos estagnar, evitando a mudança. Se você é gordo ou magro, se é bem-sucedido ou não, de algum modo tudo foi programado em seu subconsciente.

Diante de tal fato, você vive de acordo com as mentiras que sua mente lhe conta. Não é nada comparado a mentira "cheguei atrasado porque peguei trânsito", você chegou atrasado pois saiu tarde de casa, esta é a verdade. A mente domina seus pensamentos e o faz acreditar que é incapaz, que não dá conta, que não merece, que não consegue lidar com a vida como ela é, que não tem bagagem emocional para estar presente e sentir o que vier etc.

Sua mente é capaz de fazer com que acredite que o seu pai é o responsável pelo seu destino, por exemplo. Ele o influenciou sim, é claro, mas não foi o agente determinante – o responsável – pelo modo como você conduz sua vida. A mentira que contamos para nós mesmos é que não carregamos dores do passado. A maioria das pessoas não acessa esses conteúdos, pois a infância é um tempo a ser apagado e ponto.

DECISÕES EMOCIONAIS, ARGUMENTOS RACIONAIS

Tomamos decisões emocionais e justificamos com argumentos racionais, que são fruto do consciente, representando nossos mecanismos de defesa. Por que você não abre o próprio negócio, com o qual tanto sonha? É mesmo por não ter capital de giro ou porque você tem medo? Esteja atento às mentiras que brotam da racionalidade. Procure ver as coisas como elas realmente são.

Se você não confia em seu potencial, sua vida diminuirá e você apenas sobreviverá, com infelicidade no emprego, no relacionamento, sem alegria em continuar. É isso mesmo que quer para a sua vida?

Uma amiga, *personal trainer*, atendia, no máximo, dois clientes por aula, mas sempre sonhou em trabalhar com mais pessoas. Para isso, teve que vencer o medo e se lançar na internet, colocar a cara no Instagram. Deu certo.

O poder está em nós, precisamos ter consciência para sermos capazes de despertá-lo.

Conheço pessoas que gostariam de iniciar um projeto – como produzir conteúdo para as redes sociais –, mas não começam por não se sentirem prontas. Sentem medo e usam a

O poder está em nós, precisamos ter **consciência** para sermos capazes de **despertá-lo.**

insegurança como desculpa. Você é assim? Quando acredita que estará totalmente preparado? Afirmo a você que jamais, porque nunca achamos que estamos prontos para fazer algo diferente e, na maioria das vezes, maior do que estamos acostumados.

Por exemplo, no primeiro Leis da Vida On-line não estávamos totalmente preparados, não sabíamos como fazer um treinamento virtual. Fizemos tudo em casa, com os equipamentos que tínhamos e com a nossa equipe. Eu não sabia, metodologicamente, fazer o treinamento no formato mais preciso. Digamos que não conhecíamos um modelo ideal e não sabíamos, muito menos, operar todos os sistemas necessários, como o chat com os alunos. Sinceramente, eu não sabia se ia dar certo ou não. Mas estava em movimento, fazendo o que deveria ser feito.

As nossas mentes – a minha e as dos integrantes da minha equipe – tentaram, mas felizmente fomos mais fortes do que as mentiras que os nossos conscientes nos contaram. Deu tudo certo e o evento foi um sucesso.

SAINDO DO DOMÍNIO DA MENTE INCONSCIENTE

Sob o domínio da mente, você não tem consciência e não flui, não voa mais alto, não sente tesão, não desfruta, não realiza, não ganha dinheiro. Saiba que as Leis da Vida vão arrancar toda essa força de dentro de você. Esse é realmente um caminho com início e meio, mas sem fim. Seja bem-vindo a uma jornada profunda e poderosa de autoconhecimento.

Enquanto for o seu mentor, por meio da leitura deste livro, vou entregar a você tudo aquilo que fiz por mim mesmo. Não é

As 9 leis inegociáveis da vida

teoria, é de vida real que estamos falando. Não sou professor, mas me sinto um guia e gosto disso. Digo para os meus alunos: hoje tem passeio para as praias de Maragogi e do Francês, respectivamente nos litorais norte e sul de Alagoas, mas é o turista que escolhe para onde vai, a viagem é dele. Assim, convido você a buscar dentro de si a consciência, extrair tudo o que está escondido na quase totalidade de sua inconsciência e trazer esses conteúdos à tona. Até porque ou você faz isso por livre e espontânea vontade, ou a vida o fará.

Lembra que eu não queria olhar os números da minha empresa? Por que acha que eu não olhava para isso? Por não gostar de números? Essa era a mentira que eu contava para mim mesmo. Mas não queria olhar para aquilo porque no fundo sabia que os números estavam horríveis.

Por que tem tanta gente que não quer fazer o caminho do autodesenvolvimento? Porque não quer olhar para o seu eu profundo, para a sua criança ferida[17] – aquela cheia de traumas e ciclos não concluídos. São as nossas sombras, as nossas dores. Entre as feridas emocionais mais comuns estão o medo do abandono e da traição, a sensação de não ser capaz e a obrigação de agradar. Tendo essa noção, nos damos conta de que tudo o que experimentamos na vida é responsabilidade nossa, e os responsáveis não são os outros.

A vida é simples, a mente é que complica.

Somos um universo a ser desvendado. Peça ajuda para as melhores pessoas de sua confiança. Ao lado dos craques, você é um craque também. Alguém que vá removendo seus véus de

---

[17] NORONHA, H. Três feridas emocionais da infância que todo adulto deveria superar. **Universa Uol**, 20 out. 2017. Disponível em: https://www.uol.com.br/universa/noticias/redacao/2017/10/20/3-feridas-emocionais-da-infancia-que-todo-adulto-deveria-superar.htm?. Acesso em: 16 mar. 2021.

inconsciência e mostrando a você o que está oculto. Acredite, tudo vai ficar mais nítido ao longo do tempo. Vai ficar melhor.

A verdade sempre prevalecerá. Descubra a verdade dentro de si primeiro. Quando ela se manifesta fora, vem com dor, para lhe educar mesmo.

Ao longo da jornada, nós distorcemos a realidade. Perdemos o foco do que viemos fazer aqui. Nós viemos para amar e para sermos amados. Aqueles que estão dando mais amor do que recebendo, que estão trabalhando mais do que recebendo, que oferecem mais apoio do que recebem nas relações de amizade estão sendo dominados pela mente, que diz: "Você não é merecedor desse amor, dessa alegria e dessa partilha".

Entenda que, para acessar o amor, você precisa se mover, estar presente e fazer o movimento que precisa ser feito agora. Deve correr mais riscos, mesmo que a crença na escassez o faça acreditar que não deve fazer esse movimento.

Nós nos limitamos e diminuímos os nossos sonhos e objetivos por conta das crenças e da visão limitada que temos do nosso potencial.

VIVER NA VERDADE

Mas como saber se estamos na verdade? Quando conseguimos olhar para a vida e dizer: "Eu sou boa o suficiente para ser amada, para receber reconhecimento, para ganhar muito, para receber tanto amor quanto amo, reconheço e ofereço aos outros". Esta é a verdade. A vida é abundante, farta e nos oferece tudo. Agora, compartilho com você alguns relatos de alunos do Leis da Vida On-line sobre viver na mentira:

As 9 leis inegociáveis da vida

- "A minha maior mentira era não me assumir como uma mulher forte, bem-sucedida, com medo de a minha mãe me humilhar."
- "Mentia para mim mesmo que era um homem fechado e frio porque fui criado assim."
- "Mentia que era incapaz de me tornar o que queria ser."
- "Acreditava que não era próspera porque os meus pais não me apoiavam emocionalmente."

Só passando por dores como essas descritas acima podemos celebrar a consciência. Passada a dor, vai chegar o momento de celebrar e transcender. Celebre a consciência, o contato com o agora, com a verdade.

Recomendo que faça o mesmo, olhe para as suas dores e siga em frente com coragem e liberdade. Escreva as suas mentiras em um papel e depois rasgue, faça um risco em cima ou queime. Faça qualquer coisa para ajudar a romper com esse ciclo e viver a vida que nasceu para viver.

Para que entenda como a mente nos domina, pense um pouco nos animais, que são seres irracionais. Quando chove, um cachorro não diz "que chato, está chovendo". Para ele está simplesmente chovendo. A chuva cair é o que está sendo, a mais perfeita tradução do Vida É. Estamos falando de um conceito amplo, que vai além do certo, errado, bonito, feio, justo ou injusto. Vida É.

As coisas estão simplesmente acontecendo. Não estão acontecendo por causa disso ou daquilo; não têm justificativa. É a vida fluindo, e isso envolve o que nós, com a mente, chamamos de dor e prazer, mas, na verdade, não é nem uma coisa nem outra. O ego é quem diz isso. A vida é quem determina, precisamos aceitar isso.

Somos um universo a ser desvendado.

As 9 leis inegociáveis da vida

Quando a mente olha para o Vida É, entra em um exercício de concordar ou discordar de algo que é, vive na dualidade do amor e da dor, da luz e da sombra, do ego e do eu. Isso porque o Vida É envolve um conceito maior, como um rio que simplesmente flui, segue o seu rumo sem entrar em questionamentos e críticas, sem analisar o que é certo e o que é errado.

O Vida É inclui o estado de maior aceitação. Nos animais irracionais é simples de ver: um peixe vive na água e acabou, um cão vê a chuva e procura um lugar para se proteger. Meu cachorro, Licurgo, não reclama quando o tempo esfria, simplesmente se senta ao lado da lareira e se aquece.

Vida É, para a mente, envolve a aceitação desta dualidade. Na natureza, os animais lidam com os desconfortos, dão conta de qualquer coisa porque estão presentes e aceitam a realidade que se coloca para eles. Neste sentido, muita gente me pergunta como estar sempre presente, mesmo com todas as atividades da rotina. É claro que temos que procurar estar a maior parte do tempo presentes, mas compreendo que ninguém consegue ficar totalmente nesse estado. Até porque, ninguém suporta viver mergulhado na dor o tempo inteiro. Para isso existem o descanso, o entretenimento e o lazer, para que a gente possa escapar um pouco aqui e ali.

Mas isso também se faz com consciência, com o entendimento de que é preciso dar uma parada, tomar um ar de vez em quando. É só não querer fazer morada em outro lugar que não seja o presente. Isso, claro, sempre com base na verdade.

Em *Sobre a verdade*,[18] o filósofo Harry G. Frankfurt destaca que "nenhuma sociedade pode se permitir desprezar ou desrespeitar a verdade". É exatamente isso: presença e verdade.

---

[18] FRANKFURT, H. G. **Sobre a verdade**. São Paulo: Companhia das Letras, 2007.

LV3: Vida é Verdade

Se alcançamos esse equilíbrio, a vida passa a ser leve e desafiadora. Antes, eu ouvia recomendações do tipo "precisa ser produtivo", "precisa ter performance e desempenho, realizar". Via pessoas obcecadas, sacrificando a própria saúde, família, o prazer, o descanso. Conhecia pessoas boas, humanas, em paz, queridas, dedicadas e disponíveis dando tudo para os outros e não usufruindo de uma vida confortável. Não é para ser assim, as coisas têm que fluir. As Leis da Vida estão aí para lhe ajudar no processo de evolução.

FAÇA ISSO POR VOCÊ

Nos treinamentos, sempre me perguntam se, na minha opinião, a humanidade está evoluindo. Sem meias palavras, respondo que nunca vamos evoluir coletivamente. Dei um nó na sua cabeça agora? Achou estranho que um profissional do desenvolvimento humano como eu pense assim?

Deixe-me explicar: ao longo do nosso tempo na Terra, o que evoluiu? Evoluíram o conhecimento, a tecnologia, a ciência e assim por diante. Em contrapartida, nós, seres humanos, seguimos sendo violentos, corruptos, egoístas, irresponsáveis.

O que evolui, para mim, é o indivíduo. Esse meu otimismo diante da individualidade me faz pensar que a vida é assim mesmo, dual. Há a noite e o dia, o frio e o calor, o estágio de evolução e amadurecimento de cada um. Desde que o mundo existe as coisas funcionam assim. Saia da fantasia, nós não vivemos no céu, mas na Terra. Um lugar para onde alguns chegam para amadurecer e outros para sentir ainda mais dor e, quem sabe um dia, libertar-se disso.

Por isso, a minha orientação para você, neste ponto, é: cuide de você. Ou de ti – como eu diria, em bom "gauchês", se estivéssemos conversando ao vivo agora. Não se preocupe com a humanidade, apenas tenha certeza de que as sombras do coletivo não estão afetando você e lide com coragem e compaixão. Olhe para o mundo sem a angústia de querer que tudo seja diferente do que é. Tenha amor, aceite que as coisas simplesmente acontecem. Vida É, simplesmente é.

Sob esse ponto de vista, você se sente livre para acolher as próprias sombras, vai se libertando para poder cuidar da sua trajetória. Desista da humanidade. Se já é difícil cuidar de nós mesmos individualmente, imagine ter a expectativa de que todos vamos amadurecer juntos, ao mesmo tempo. Nossa intenção não pode ser em relação ao outro, mas sempre em relação a nós mesmos. Este é o único movimento possível. Cuide de você, e assim vai ser possível elevar todas as relações para outro nível.

Tudo isso é muito profundo, eu sei. Não se assuste, mexe com a gente pensar nessas reflexões todas. A vida caminha para o equilíbrio, e você vai chegar lá quando começar a viajar para dentro de si, para o lugar em que vai encontrar a paz.

Cuidemos de nós e respeitemos a jornada dos outros.

EXERCÍCIO

Envie a mensagem abaixo para cinco pessoas em quem você pode confiar, que o respeitem e queiram o seu bem. Essas pessoas, entretanto, precisam ser as que não têm medo de magoar você; precisam ser honestas e sinceras. Não vale enviar para filhos e cônjuges.

> Querido(a) amigo(a), estou em um processo de autoconhecimento e desenvolvimento pessoal, lendo e aplicando os exercícios propostos no livro *As 9 leis inegociáveis da vida*. Para que eu possa evoluir em meu processo, preciso da sua ajuda. Saiba que só estou lhe pedindo isso porque confio plenamente que você será honesto(a), sincero(a) e corajoso(a) para me dizer a verdade. Assim, cite, no mínimo, cinco pontos fracos que você observa em mim. Desde já agradeço, de coração, a sua participação. Aguardo o seu retorno até amanhã, às 23 horas.

Não fale com as pessoas para quem enviou a mensagem durante o dia, não dê explicações sobre o pedido. Não abra as mensagens antes de receber o retorno de todas as cinco pessoas. No caso de alguém não responder em 24 horas, pode abrir as que recebeu. Coloque uma música de que você goste quando for ler e abra todas as mensagens juntas. Leia várias vezes, sem levar para o lado pessoal. Se entrar em negação, irritação ou indiferença, vá para a aceitação. Questione-se: será? Agradeça pelo presente que foram esses retornos. Pense menos, observe seu corpo e sinta tudo o que vier com essa prática.

capítulo 7

LV4: VIDA É CONEXÃO

Não estamos sós: somos determinados e determinamos a vida de muitos

Não há uma visão estrita sobre as nossas ligações com os outros. Não consigo delimitar as conexões que temos no tempo e no espaço. Estamos ligados a vários sistemas, sendo mais fácil olhar para a família e para os nossos vínculos com os pais. Depois, aparecem os nossos parceiros amorosos, os nossos filhos, demais parentes, amigos, colegas de trabalho, pessoas que moram no mesmo prédio, na mesma cidade, estado ou país.

Influenciamos uns aos outros a todo tempo, e estamos totalmente vinculados em todas essas esferas e em outras mais. Isso começa com os gestos mais simples, como não jogar lixo na rua para não sujar o ambiente público, poupando o município de mais gastos com a varrição das vias e deixando tudo mais bonito, organizado. Digo isso para que você entenda que tem conexões por todos os lados.

Vida é Conexão, diz a nossa quarta Lei da Vida. A nossa existência é ampla e misteriosa, não estamos sós. Você não é um eu puro e simples: é um eu na sua família, na sua empresa, na cidade onde mora, no mundo e assim por diante. Uma alma conectada a tudo – como gosto de dizer. É realmente um mistério, mas todos nós já experimentamos essa sensação de fazer parte do todo de alguma forma.

Ao longo de mais de duas décadas de trabalho acompanhando muitas almas, percebi que, do minuto após o nascimento para a frente, não há nada, absolutamente nada, que justifique algumas situações na vida de determinadas pessoas. É quando olhamos, por exemplo, para uma família tranquila em suas imperfeições – serena –, na qual há alguém com um destino muito pesado. Pesado de maneira desproporcional quando avaliamos as circunstâncias da vida dele ou dela a partir de seu nascimento.

A partir dessa percepção, nossa abordagem tem um olhar mais amplo para a vida na Terra. Na minha opinião, não viemos ao mundo como uma folha em branco. O nosso parto influencia em nossa personalidade, assim como a gestação e até o modo como fomos concebidos. É como se estivéssemos lá, no Universo, esperando que nossos pais se encontrassem e fizessem os movimentos necessários até a nossa concepção. Se você me perguntar que lugar é esse, como funciona esse lado de lá, eu não sei dizer. Sendo sincero, não me importo com isso, não quero saber e não discuto esse assunto com ninguém. Estou aqui para ajudar quem quer que seja a lidar com as próprias dores, a aceitar e compreender a própria história.

Para autores como Bert Hellinger,[19] psicoterapeuta alemão criador do método mundialmente conhecido como Constelação Familiar, não chegamos ao útero de nossas mães como uma alma sem conteúdos emocionais, psíquicos e espirituais. Não somos livres como julgamos ser porque partimos todos de uma base.

Gosto da Constelação – tenho formação na área – por se tratar de uma modalidade terapêutica que estuda os padrões de comportamento observados na família de geração para geração. É um mergulho profundo no autoconhecimento, na história de cada um.

REVIVER PARA SENTIR

Compreender isso é muito importante e muito rico. Em nosso treinamento de imersão de maior impacto biopsicoemocioespiritual do Brasil (Tai), por exemplo, é feito um trabalho individual com os alunos para que possam olhar para essas questões. É quando muita gente se depara com o que há de mais profundo em seu ser. Em algumas vivências do curso a pessoa pode se dar conta de que, no momento do parto, sua mãe estava morrendo de medo – uma emoção que ali mesmo passa a fazer parte da história do filho. Ao acessar esse temor, é possível entender a quem ele realmente pertence, o que explica, por exemplo, uma possível trava na hora de falar em público. É entender o que houve e deixar para trás.

---

[19] HELLINGER, B. **Bert Hellinger:** meu trabalho, minha vida. Cultrix: São Paulo, 2020.

Já conheci pessoas que não tinham vontade nenhuma de viver porque, na gestação, viram o pai e a mãe inseguros, pensando se dariam conta de um filho, o que normalmente acontece por questões econômicas. Se esses pais cogitaram aborto, pode ser mais difícil ainda para o bebê que sobrevive lidar com isso. É como se fosse introjetada, naquela criança, a ideia de que ela não foi desejada. Logo, o peso da rejeição. Muitas vezes isso explica a sensação de não merecimento, o ato de se embriagar e comer em excesso, a exposição ao risco, o uso de drogas e uma coleção de relacionamentos abusivos. De onde veio tudo isso? Pois é, do útero.

No ato da concepção, se a criança sente o amor intenso dos pais, percebe-se muito mais amada. Um filho gerado por meio de uma relação casual não necessariamente terá problemas, pode ser feliz. De algum modo, no futuro, crianças com esse perfil vão ter que encontrar um modo de lidar com essas questões, de dizer sim para a vida em sua plenitude, sem duvidar que merecem todo o amor.

Temos alguma responsabilidade sobre as atitudes dos nossos pais? Absolutamente nenhuma, mas cabe a nós compreender essas questões, aceitá-las e crescer diante delas. Vida É, lembra? Apenas é.

Com base em minha vivência de trabalho e de estudos, somos almas que nasceram na América Latina e absorveram as maravilhas e as mazelas dos ciclos não concluídos, dos problemas encontrados nesta parte do mundo. Temos o Brasil como país, com todas as suas dores. No meu caso, tenho o Rio Grande do Sul como estado e São Borja como cidade. Minha alma está conectada a tudo isso.

Somos determinados por todos esses ciclos. Uma história que, já sabemos, começa na pré-concepção, passa pela

LV4: Vida é Conexão

concepção, pela gestação, pelo parto, pela infância e segue vida afora. Dia a dia, principalmente na infância e nos primeiros momentos após o parto, sentimos o calor do colo da mãe, o que continua até depois do início da nossa formação, sobretudo até os 7 anos, quando termina a chamada primeira infância[20] e quando já temos muitas influências sendo exercidas sobre nós. Assim, os nossos comportamentos, pelos quais somos tão cobrados, são apenas reflexos do nosso mundo interno, das nossas profundezas.

O que vemos por fora é minúsculo diante do conteúdo gigantesco que temos guardado. Nada serve para nos eximir da responsabilidade de lidar com tudo isso, mas para demonstrar que exigimos de nós mesmos além do que é possível entregar.

Diante da vida somos insignificantes, mas diante da nossa própria vida somos poderosos.

CURA PROFUNDA

Em *Cura profunda*,[21] Stanislav Grof destaca que somos como uma árvore cujas raízes, se vistas na terra, são maiores, muito maiores, do que a copa da árvore que se pode enxergar do lado de fora. É uma metáfora para que possamos entender a nossa profundidade.

Não somos livres ao carregar tanta bagagem, não viemos do nada, mas podemos expandir a consciência, buscar a verdade, o amor, a honra, o respeito e a gratidão, guardar das nossas conexões tudo o que pode nos levar além. Fazemos isso pedindo

---

20 MARCO Estadual da Primeira Infância é sancionado em São Paulo. **Claudia**, 16 mar. 2021. Disponível em: https://claudia.abril.com.br/politica-poder/marco-estadual-da-primeira-infancia-e-sancionado-em-sao-paulo/. Acesso em: 19 mar. 2020.

21 GROF, S. **Cura profunda**. Rio de Janeiro: Capivara, 2015.

Não estamos aqui para viver o bom da vida, mas para viver a vida.

respeitosamente, dentro de nosso coração, licença para quem veio antes para fazer um pouquinho diferente, seguindo com honra, respeito e gratidão, deixando com quem é de direito o que não é nosso, o que não nos ajuda.

Tudo isso pode ser resumido naquilo que chamamos, em nossos treinamentos, de restabelecimento da verdade. Você é responsável por uma parte da sua vida, e dela você vai dar conta. Quando assumir esse lugar, vai começar a ressignificar, reconstruir, redimensionar e equilibrar todas as influências que estão inconscientes no profundo da alma.

Em nosso trabalho, temos muitos testemunhos do quanto a busca pela consciência de quem realmente somos faz a diferença na vida das pessoas. Vou compartilhar alguns agora.

Certa vez, um cliente me pediu ajuda e contou que estava de férias, mas que estava muito mal, sem força alguma, incapaz de sair de casa, ou melhor, da própria cama. A empresa dessa pessoa era gigante, próspera e estava começando a sentir os efeitos daquela paralisia toda. Como conhecia a história dele, eu quis confirmar quantos anos tinha seu pai quando morreu. A resposta fez com que eu entendesse tudo: 51 anos, idade que o empresário em questão completaria dali a seis meses.

Aquele homem estava tão conectado ao destino do pai que já sentia o peso da morte, adoecendo em uma tentativa inconsciente de seguir os passos daquele que lhe deu a vida. Era um modo de "honrar" a trajetória familiar. No ritmo em que estava, começaria a morrer quebrando a própria empresa, destruindo em seguida a própria saúde.

As imersões, os treinamentos e a terapia fizeram-no ver o que estava por trás das próprias atitudes. Será que, sozinho, ele se daria conta disso? É claro que não. Ainda bem que pediu ajuda. Era uma inconsciência que vinha da conexão dele com o pai. Por isso, tudo o que nos acontece precisa ser observado: os nossos comportamentos não surgem do nada.

Esse também foi o caso de outro cliente nosso, um homem bem-sucedido, com destaque em sua área de atuação que não conseguia cobrar um valor compatível com a sua qualificação pelos trabalhos que prestava. Ao longo do processo de autoconhecimento, ele foi se dando conta de que recebia muito pouco pelos seus serviços. Quando perguntamos se alguém mais da família dele havia ido tão longe na vida. Ele respondeu que aquele era um feito inédito, nenhum de seus ancestrais havia chegado à faculdade ou sequer prosperado significativamente. Percebe que ele estava seguindo o seu sistema, sem autorização para ganhar dinheiro? Mesmo bem-sucedido, estava sendo nutrido por um sistema que, pelas circunstâncias da vida, não teve a oportunidade de ser bem remunerado pelo próprio trabalho. De maneira inconsciente, era assim que ele estava conduzindo a sua trajetória.

Veja que a conexão com os nossos sistemas, principalmente o familiar, é muito mais ampla do que a nossa consciência dá conta. É só observar que você vai perceber o quão profundas são essas conexões. A partir da observação, você vai poder reconhecer as próprias ligações. E seguir para um estado de consciência no qual será possível curar a si mesmo e ao seu sistema, à sua comunidade, às gerações que estão por vir. Tudo é conexão. Não somos livres, não estamos soltos, mas conectados a algo maior.

Nós somos os frutos. Nossos pais, a seiva. O caminho do autoconhecimento é o nosso sol.

E aqui vai mais uma história sobre conexão. Certa vez, em uma mentoria, um homem negro, apesar de muito talentoso e bem-preparado, não se sentia autorizado a prosperar, a desfrutar do conforto, das coisas boas da vida que ele poderia conquistar

LV4: Vida é Conexão

com o próprio trabalho. Lá no fundo, ele tinha conexões com o destino de muitas mulheres e homens que foram marcados pela exploração. Olhando esse contexto historicamente, o Brasil foi o último país do ocidente a abolir a escravidão.[22] Inconsciente dessa influência, ele ouvia uma voz interna que o dizia para não ir muito longe, além do que puderam ir seus ancestrais. Com todo o processo de mentoria e libertação, ele foi se dando conta dessas amarras, trabalhando consigo mesmo as questões que o aprisionavam em uma vida limitada. É claro que esse processo não apaga todo o contexto de amarras sistêmicas que existem ainda hoje na sociedade devido à nossa história, mas ele conseguiu chegar ao ponto de dizer: "Eu me sinto digno desse destino e eu me liberto".

É o movimento de ir para a presença e, nesse ponto, encontrar a verdade. Identifico a conexão e vejo que estou sendo determinado pelo sistema do qual faço parte. Quanto mais consciente você for, quanto mais terapias e mentorias fizer, quanto mais meditar e mais treinamentos acompanhar, mais luz vai conseguir trazer para a própria vida, para a própria história. E aí você escolhe o que vai fazer com isso.

Tenho certeza de que a leitura deste capítulo vai ajudar você a perceber que tudo o que viveu e experimentou, até hoje, em grande medida, foi determinado pela sua história. Mas você pode assumir a responsabilidade de olhar para esses conteúdos e mudar os rumos dela. Eu mesmo sou filho de uma geração de homens e mulheres muito trabalhadores e não quero abrir mão disso de jeito nenhum. Posso dosar um pouco mais, buscar meu equilíbrio e deixar com os meus ancestrais os pesos que não são meus. Fico

---

[22] BBC. Brasil viveu processo de amnésia nacional sobre a escravidão, diz historiadora. **G1 Globo**, 10 maio 2018. Disponível em: https://g1.globo.com/educacao/noticia/brasil-viveu-um-processo-de-amnesia-nacional-sobre-a-escravidao-diz-historiadora.ghtml. Acesso em: 19 mar. 2020.

emocionado só de pensar. Mas essas são constatações que só consegui fazer depois de sair em busca da minha base, da minha origem, de quem sou de verdade. São escolhas que só pude fazer por ter consciência de muitas coisas. Sou trabalhador como os meus pais, mas me cuido para não exagerar na dose.

EM NOME DO FILHO

Importante registrar: se você não toma consciência de que seus caminhos são determinados – em grande parte – pelo seu sistema, se não faz escolhas para concluir ciclos, acaba determinando os rumos da vida dos seus filhos. Se não tiver consciência de que está fracassando por amor cego aos seus ancestrais, as chances são grandes de o seu filho – pela conexão que tem com você – fracassar também. É o mesmo vínculo que faz muita gente adoecer por achar que não tem o direito de ser saudável, afinal, seus pais e avós foram pessoas muito doentes. Você adoece e faz com que seus filhos sintam as mesmas dores.

Livre-se da culpa e olhe para a sua trajetória com amor. Ajude sua consciência a crescer, a ganhar forma ao enxergar a verdade a respeito das suas raízes. Deixe de ser uma marionete da sua mente, um reflexo de todas as conexões que já estabeleceu até hoje. Ao cuidar de si, você vai facilitar o caminho para as suas crianças, aliviar o trabalho que poderiam ter. Isso acontecerá a partir da decisão de olhar para as suas questões com verdade e generosidade.

Ao decidir ler este livro, você mostrou estar lúcido, preparado para acolher a si e aos seus. Não conheço modo melhor de os pais cuidarem dos filhos do que olharem primeiro para si, buscarem o autodesenvolvimento, o crescimento psíquico, emocional e espiritual, concluírem seus ciclos, curarem as suas feridas e ocuparem, enfim, o seu lugar na conexão.

Temos uma responsabilidade sagrada com a nossa própria vida. Temos força, consciência, capacidade de agir. Somos determinados e determinamos, protagonistas conectados a nossa própria história.

Não estamos aqui para viver o bom da vida, mas para viver a vida.

EXERCÍCIOS

1. Com um caderno na mão, escreva tudo o que recebeu de todos os seus tios, avós, pai e mãe. Todos os cuidados, carinhos, afagos, histórias, hábitos, costumes, habilidades. Tudo o que recebeu. Exemplos: "Na minha família, a gente gosta de fazer festa; na minha família, todo mundo adora cozinhar" e assim por diante. Anote tudo o que você recebeu.

2. Faça tudo o que puder hoje para se conectar a sua origem, a sua família. Converse com os seus pais, deite-se no colo deles, abrace-os, beije-os. Ligue para seus tios, peça que contem histórias sobre os seus pais. Descubra quem são os seus parentes e de onde eles vieram, a história da família. Visite parentes que não visita com frequência. Mergulhe, flua, navegue nas suas conexões, veja fotos de família, volte a lugares importantes para você e para os seus.

capítulo 8

LV5: VIDA É DOR

A suprema mensageira, a suprema proteção

Ficou assustado com o título deste capítulo? Não fique. Vida é Dor é a quinta Lei da Vida. É dor sempre, o tempo inteiro e tudo bem. Aceita que dói menos, como diz o dito popular.

É impossível viver um dia sem sentir nenhuma dor, nenhum incômodo. Todos os dias vemos alguma coisa acontecer neste sentido. É a coluna que parece travada, a notícia no jornal sobre o aumento da fome mundial e assim por diante. Sendo mais claro ainda: a sua vida vai ter dor, então é melhor sair da ilusão, ninguém vive na ilha da fantasia! Isso não existe. Não dá para ter prazer o tempo todo. Muita gente ouve isso e pensa que tenho uma visão muito triste das coisas, mas posso garantir: não há nenhum pessimismo nesta lei. E sabe por quê? Se você acolher a dor, em seguida vai para o amor. Do contrário, se resistir, nunca chegará ao outro lado, não vai acessar o real sentido do amar e ser amado. O amor está aí, dentro de você. Você é amor, mas ainda não pode acessá-lo por não entender o papel da dor.

Entenda que a dor é, no contexto das Leis da Vida, aquilo que chamo de suprema mensageira e suprema proteção. A dor física, por exemplo, faz com que você tire o dedo da tomada. A mão no fogo, queimada, obriga você a ir ao médico. Ela manda a mensagem de que algo não vai bem, o que é um cuidado. A dor física atua no conceito de que a vida é hostil.

Temos ainda as dores emocionais, como o medo, a tristeza e a raiva. Nada é simples, eu sei, mas lembre-se de que essas emoções conectam você ao seu "Eu sou". A natureza é absolutamente perfeita. A dor está aí, na sua vida, para mandar mensagens para você, alertas. É tudo para lhe proteger, para cuidar. A nós nos resta compreender e aceitar. O problema é que, no domínio da mente, ficamos no culto ao prazer – na zona de conforto – por pior que esteja a nossa existência deste modo. A gente não quer a dor. Por isso, em vez de nos sentarmos para estudar, vamos tomar sorvete. Em vez de malhar, ficamos na frente da televisão. Em vez de desligar um colaborador, mantemos a nossa empresa longe da sua melhor performance. No lugar de conversarmos com o cônjuge e dizermos, simplesmente, que não existe mais felicidade na relação, mentimos para os amigos e postamos fotos românticas nas redes sociais.

Se você resiste à dor, não recebe a mensagem de proteção. Não adianta fugir, seus problemas só vão se intensificar mais e mais. Não há escapatória, acredite em mim.

LV5: Vida é Dor

O TÚNEL

Neste contexto, algumas pessoas fazem o quê? Fogem da responsabilidade de lidar com o medo, com a tristeza, com a raiva e com a frustração. As pessoas se agarram à porta deste túnel, sem querer entrar e passar por tudo o que está à espera delas.

Quando você resiste ao medo, também resiste à dor. Não adianta nada, logo mais o seu corpo vai começar a adoecer e a manifestar as emoções não sentidas, que viraram ciclos não concluídos que vão clamar por conclusão. Assim, o que era para ser uma dor passageira, que serve para seu amadurecimento, transforma-se em um sofrimento constante e permanente.

Dor não sentida vira sofrimento eterno.

Entenda que quando você vai para a verdade, as conexões surgem e, com elas, vem a dor. Vida é Dor. Sempre vai haver dor. Podemos evitar algumas delas? Sim, podemos. Se você puder evitar viajar de carroça de São Borja para Porto Alegre indo de carro, com mais conforto, evite. É por aí.

De outras dores é simplesmente impossível fugir, como a do luto. Quem foge dessa dor muitas vezes acaba afogando a tristeza de outros modos: bebendo demais, comendo em excesso, buscando refúgio no trabalho, culpando os outros pelos próprios problemas. Tudo isso nos leva a um estado de dor maior ainda. A vida vai ampliando as suas feridas sem desistir, até que você decida entrar no túnel onde moram os seus fantasmas para, enfim, aprender o que eles têm para ensinar.

Vale lembrar que a perda de alguém que amamos desperta muitas reações emocionais, como tristeza, angústia, culpa e raiva.[23] Também são observadas alterações físicas, como sudorese, palpitação e fraqueza. Pior ainda é a cobrança para que o enlutado "supere" o ocorrido rapidamente, como se conviver sem a presença da esposa, do marido, do pai, da mãe, do filho ou de um grande amigo fosse uma equação simples de solucionar. O melhor é acalmar o coração, o luto será bem trabalhado quando a pessoa for capaz de lidar com a ausência do outro em seu cotidiano. Não se trata apenas de esquecer-se ou de superar, mas de concordar e guardar no coração as ótimas lembranças e os aprendizados que aquela pessoa especial nos deixou.

Portanto, em relação a esse sentimento específico, nada de pressa ou fuga: viva a sua dor. Na hora certa, você vai encontrar um modo de processar isso tudo.

Nos treinamentos, muitos alunos me perguntam o que devem fazer para se livrar da dor. Respondo sempre: sentindo o que houver para sentir. Vá fundo nas suas emoções para, assim, conseguir concluir ciclos e, depois disso, seguir rumo a um novo destino.

A vida não atua para lhe dar prazer, mas para despertar o seu poder ilimitado.

Há outras dicas para que você lide com a dor.[24] Entre elas, escrever sobre o que está sentindo (pode ser um diário ou textos livres, como você quiser), chorar (o choro nos acalma e nos equilibra depois que passa), permitir-se sofrer (o que estamos falando desde o início deste capítulo), pedir ajuda para as pessoas nas quais você confia, fazer terapia (são tantos os tipos e as possibilidades, algum deles vai funcionar para você) e procurar conversar consigo

---

23 CONTE, J. Quando o luto exige ajuda profissional. **Drauzio Varella.** Disponível em: https://drauziovarella.uol.com.br/psiquiatria/quando-o-luto-exige-ajuda-profissional/. Acesso em: 23 mar. 2021.

24 PROBLEM solving. **Skills you need,** 2011-2021. Disponível em: https://www.skillsyouneed.com/ips/problem-solving.html. Acesso em: 23 mar. 2021.

mesmo de maneira positiva, consciente do significado da dor na sua vida. Você está caminhando para o amor, nunca se esqueça disso. Avance, descubra o seu modo de lidar com as próprias questões, as técnicas que podem nutri-lo nos momentos mais difíceis.

INTELIGÊNCIA EMOCIONAL

Use e abuse da sua inteligência emocional.[25] Estamos falando de um conceito amplo, mas baseado na habilidade de reconhecer as suas emoções e as dos outros, o que ajuda e muito na hora de resolver um problema.

Para o autor do livro clássico sobre o tema Daniel Goleman, estar consciente das próprias emoções é parte daquilo que chamamos de inteligência. Essa ideia relativiza o peso dos genes e nos mostra que é possível avançar, ao longo da vida, trabalhando determinadas habilidades.

Assim, ao focar essas questões, você vai perceber como será mais fácil relacionar-se com os outros, ter confiança em si mesmo, lidar melhor com as situações de conflito de modo geral.[26] Daí partem a empatia, a melhor comunicação, o otimismo, o comprometimento, a iniciativa, o autocontrole, a habilidade de liderar e de se motivar mesmo diante das situações mais adversas. São inúmeros os impactos positivos.

Ao estender nossos limites, movemo-nos para a plenitude.

Qualquer semelhança com as Leis da Vida não terá sido mera coincidência. Acredito na aceitação, na entrega, na consciência, na verdade, na dor que nos leva além. Este é realmente

---

[25] GOLEMAN, D. **Inteligência emocional.** Rio de Janeiro: Objetiva, 1996.

[26] EMOTIONAL Intelligence. **Skills you need, 2011-2021.** Disponível em: https://www.skillsyouneed.com/general/emotional-intelligence.html. Acesso em: 23 mar. 2021.

Dor não sentida vira sofrimento eterno.

um caminho de evolução, de expansão. Sei que estamos juntos nesta jornada, não foi por acaso que você chegou até aqui.

HUMANOS, ENFIM

Não se rebele contra a dor, concorde com ela. Vivenciar tudo o que sente, medo, tristeza, raiva, ou que quer que seja, torna-o humano. Lembre-se sempre das minhas palavras: a dor está a seu serviço.

Lutar contra isso, negar as suas mazelas, pode até trazer uma certa anestesia, uma certa maquiagem nas suas dores psíquicas, emocionais e espirituais. O resultado não tem como ser outro a não ser a estagnação, a permanência em uma vida vazia, sem sentido, longe de todas as possibilidades que estão ao seu dispor.

Há quem faça isso com bebida alcoólica, drogas, cigarro, televisão, trabalho em excesso. Não adianta, você vai continuar sentindo dor. É muito mais simples olhar para isso com coragem, com entrega, com verdade. No curto prazo, será difícil, eu sei, mas no longo prazo o resultado será absolutamente libertador e empoderador. Quanto mais você resistir, mais a vida vai trazer dor para que você, um dia, decida ler a mensagem. Um dos meus maiores desafios como treinador de pessoas há tantos anos é colocar na cabeça dos homens e das mulheres que cruzam o meu caminho que estamos vivendo uma real experiência terrena ao pé da letra. Somos fracos, vulneráveis, inconscientes.

Ninguém gosta de sentir dor, ninguém quer isso. Lembro-me até hoje de ter visto, em minha infância, uma reportagem na TV sobre um suposto menino do Paquistão que não sentia dor. Aquilo me trouxe muita curiosidade e muita inveja, afinal eu era um guri que vivia de short e pés no chão. Vivia machucado. Para a minha surpresa, descobri que aquela criança inspirava muitos cuidados.

Como não sentia dor, não tinha nenhum "aviso" que pudesse dizer aos seus pais que não estava bem, daí a vigilância constante. Aprendi que a vida nos deu a dor exatamente porque somos frágeis e precisamos desses alertas, dessa proteção. Imagine se não fosse possível sentir a dor de uma apendicite; possivelmente morreríamos em horas, não teríamos a proteção de saber que é preciso correr para o hospital. Quem não tem dor não tem vida. Uma criança com dor chora, comunicando aos pais que não está tudo bem.

A vida vai impor dor. A dor é um modo de aprender, evoluir, crescer e amadurecer.

Pare de pensar que fazer terapia, sessões de *coaching*, ganhar dinheiro e o que mais for vai nos blindar da dor emocional. Tudo isso é ótimo, claro, para a sua evolução, mas aprender a lidar com as situações difíceis não o impedirá de passar por elas. Enquanto não aprendermos a ficar onde estamos e a sentir as nossas dores, a vida será sofrida, essa será a consequência.

Eu não sou diferente de você. Tenho medo, raiva, sinto preguiça de vez em quando e procrastino. Você não vai deixar de ter dor depois de fazer todos os treinamentos do Grupo Scalco, não é isso. Acontece que estou um passo à frente neste debate, e não poderia guiá-lo se não estivesse, porque já concordei com a dor.

Nos dias duros e difíceis, não me queixo de estar passando por esse ou aquele desafio. Mergulhe na dor do fracasso e aprenda com ela, na dor de os seus filhos estarem usando drogas e lide com isso, na dureza de que o seu casamento não está nada bom e resolva o que fazer. Mergulhe nisso, fique com as lições que esses turbilhões estão trazendo para você. Ligue o som bem alto e chore, coloque tudo para fora.

Tenho orgulho de ter entrado de cabeça na dor de ver a minha empresa quebrada. Doía pagar tantas dívidas por mês, eu só pensava no que a minha família estava deixando de usufruir.

LV5: Vida é Dor

Havia a felicidade de estar honrando os meus compromissos, claro, mas a pancada foi grande. O medo de sentir essa dor de novo me faz ter muito mais cuidado com os meus negócios.

Qual é a sua dor? O que você tem feito, de verdade, para sair dela?

É por isso que repito: não se rebele contra a dor, dê as mãos para ela, que está totalmente a seu serviço. Seja grato – você vai aprender a ser grato por tudo o que está acontecendo com você. Confie em mim quando digo isso.

Em um dos nossos treinamentos mais procurados, o Tai, os participantes sentem dor, ficam com isso, mergulham. É assim que alcançam a cura. No fim, sentem-se cheios de energia, mais poderosos e livres. O problema está no fato de que as pessoas se esquecem disso no dia a dia.

Se a vida é dor, você precisa sentir isso e, logo, estar aberto. Ela só vai aumentar se você tentar ignorar. Você pode ser muito bem-sucedido, mas, se não aceita essa Lei da Vida, certamente não está vivendo com leveza, com a abundância com a qual poderia viver.

IMPACTO NO CORPO

Prova importante disso está no fato de que, quando vivemos uma situação de grande estresse, o corpo pode ser afetado.[27] É aí que entram as doenças psicossomáticas – identificadas em exames –, ou a chamada somatização, quando nada é detectado pelos médicos e pelos clínicos nos laboratórios. Estamos falando de dores crônicas totalmente sem explicação. Todo mundo conhece alguém

---

27 MESQUITA, J. Questões emocionais causam dores no corpo e outros problemas de saúde? **Uol VivaBem**, 12 dez. 2018. Disponível em: https://www.uol.com.br/vivabem/noticias/redacao/2018/12/12/quando-um-problema-fisico-pode-ser-coisa-da-sua-cabeca.htm. Acesso em: 24 mar. 2021.

As 9 leis inegociáveis da vida

com algum problema assim, que parece "vir do nada". Lembre-se de que, neste ponto da leitura, você já sabe que não vem do nada.

Encare a sua dor e não deixe que o seu corpo pague pelo hábito que tem de fugir dos seus problemas. O seu passado não vai passar se você fizer de conta que não existiu e que determinadas situações não deixaram marcas profundas em você.

Em *Cartas de um terapeuta para seus momentos de crise*,[28] o psicólogo Alexandre Coimbra Amaral desenvolve, na carta da culpa – do sentimento de culpa – para os leitores, uma linha de reflexão que pode ser perfeitamente aplicada à dor de modo geral, a tudo o que foi destacado neste capítulo. Fiquemos com ela:

> Quero, a partir de hoje, convidar você a me colocar em um lugar de uma parceira, alguém com quem pode conversar. Olhe para mim. Veja o que enxerga sobre você. É o que realmente importa. O que a culpa fala sobre o que você precisa ajustar na sua vida para que fique interessante e boa de verdade. Se eu estou muito presente, há coisas que você pode mudar. Eu não existo pra ser uma sombra contínua nos dias. Eu sou um sinal amarelo. Você merece ser muito mais do que uma coleção de culpas. Você merece fazer de mim um instrumento para se conhecer melhor, bem mais profundamente do que jamais se aventurou.

Aventure-se! É com entrega que se vive a vida, as nove leis convidam você a isso. Vida é Movimento, é Presença, é Verdade, é Conexão, é Dor, é tudo isso e muito mais, e vamos nos aprofundar nesses conceitos nos próximos capítulo.

O que a vida quer de você, acima de tudo, é consciência, aceitação e comprometimento. Entrega, meu querido leitor. Ou, melhor dizendo, concordância. Nossa próxima lei.

---

[28] AMARAL, A. C. **Cartas de um terapeuta para seus momentos de crise**. São Paulo: Paidós, 2020. p. 85.

EXERCÍCIOS

1. Escreva em um caderno o máximo de dores, sofrimentos e pesares que você sabe que a sua mãe e o seu pai passaram na vida, o que dói muito em você. Depois que a lista estiver completa, com uma foto de cada um deles ou de ambos juntos, leia cada ponto registrado. Exemplo: "meu pai perdeu o pai muito cedo". E diga, olhando para a imagem de seu pai: "eu sinto muito, mas deixo isso com o senhor", e assim por diante. Faça isso silenciosa e reservadamente, sem muita interferência. Vai valer a pena.

2. Você, que tem um ou os dois pais vivos, vai levar três, quatro ou cinco problemas atuais da sua vida para eles. Vai contar das dores, dos sofrimentos e das angústias. Seja verdadeiro. Peça ajuda, ouça conselhos, receba apoio humildemente, em silêncio, apenas agradecendo, sem pensar se o que está ouvindo faz sentido ou não, se vai seguir ou deixar para trás. Apenas receba esses conteúdos como um ato de amor. Se você, infelizmente, não tem mais os pais vivos, coloque para tocar uma música que lhe conecte aos seus pais e saboreie uma refeição que lhe faça lembrar deles. Nessa hora, busque fechar os olhos e contar as suas dores, seus problemas e desafios no momento. Peça conselhos, eles vão chegar. Vai ser lindo, garanto.

capítulo 9

LV6: VIDA É CONCORDÂNCIA

Diga um sim, absoluto, a tudo. Tudo, tudo, tudo

Como seguir pela vida evoluindo sempre, sem temer as dores e os desafios? Como já falamos sobre isso, vai ficar mais fácil. O segredo é respeitar a nossa sexta lei: Vida é Concordância. Em outras palavras, diga um sim absoluto a tudo. Não satisfeito, faço questão de destacar: tudo, tudo, tudo.

Apenas diga sim. Um sim dito primeiro a você mesmo, no seu mundo interno, que define o seu "Eu Sou". É onde você encontra a leveza, a abundância, o amor, a infinitude.

Nem sempre é simples concordar, eu sei. É claro que dói ver um pai sentir dor e morrer de determinada doença, ver a sua esposa com câncer e aceitar que existe um sentido muito forte nisso – um aprendizado –, ver a sua empresa quebrada e tirar lições das dívidas. O importante é ter em mente que a gente sempre pode fazer alguma coisa, para isso, existe a nossa primeira lei: Vida é Movimento. Concordamos e agimos para mudar o que não está bom, o que deve ficar para trás. Um conceito complementa o outro. No mundo externo eu me movimento, penso no que posso fazer. Internamente, digo sim para a vida, para tudo o que me acontece.

E agora você me pergunta: o que é exatamente dizer um sim? É aceitar tudo o que foi, como foi, quando foi. Tudo o que é, como é, quando é. Tudo o que vai ser, como vai ser e quando vai ser.

É para dizer sim a tudo, Marcel? Exatamente. Sim a tudo, absolutamente tudo. Eu não fico mais pensando que isso ou aquilo não deveria ter acontecido, não gasto energia especulando sobre hipóteses como "se o meu marido não tivesse morrido, eu não estaria me sentindo mal assim".

Esta é, sem dúvida nenhuma, a lei mais difícil de ser executada. Por quê? Porque só é possível viver a concordância se estamos no "Eu Sou". Como quase sempre estamos no domínio da mente, é bem difícil. Na seara da razão, vivemos o tempo todo oscilando entre o "eu quero, eu não quero; eu concordo, eu discordo; isso é errado, isso é certo; isso é justo, isso é injusto". Uma dica para você: perceba que, ao discordar do que passou, do que já foi, a sua vida não vai mudar em nada. O passado está no passado. Ao sentir medo do futuro em vez de agir no presente, de fazer os movimentos necessários, você consegue evitar que algo aconteça? Perceba que é exatamente o contrário, ao ficar paralisado com medo de não passar em um concurso público, você não estuda

LV6: Vida é Concordância

e não se dedica, descartando essa possibilidade. Assim não vai passar mesmo. Do contrário, se você transforma o seu receio em energia de superação, vai se dedicar mil vezes mais e, sim, ter chances de alcançar o objetivo. É assim com tudo na vida.

Olhe para tudo o que foi, como foi, quando foi. Procure entender o fracasso dos seus antepassados, as doenças e as dores das suas conexões. Expanda sua consciência, faça terapia – não me canso de fazer essa recomendação para você –, medite, procure uma mentoria e sempre siga as Leis da Vida.

ARRANCANDO OS VÉUS

Fique atento ao caminho, assim será possível arrancar os véus de inconsciência que nos impedem de enxergar as nossas sombras. Você se coloca em movimento, e o movimento consegue trazê-lo para o aqui e agora. Não tem como fugir: você vai ficar na presença e, nela, vai ampliar a sua consciência, percebendo a verdade da sua alma. Vai ter consciência das suas conexões e, nelas, vai se dar conta das suas dores. Será a hora de dizer sim a sua dor, entrar no túnel dela, aquele túnel que você já conhece, sobre o qual conversamos no capítulo anterior.

Ao conseguir passar por ele e olhar para as suas dores, você estará, enfim, alinhando-se a nossa sexta lei: Vida é Concordância.

Precisamos concordar no mundo interno e fazer o movimento que precisa ser feito no mundo externo.

Muita gente me procura para contar que vem repetindo os ciclos dos seus antepassados, querendo saber o que devem fazer. Respondo sempre "olhe para os seus ancestrais e para as suas conexões". Fique atento a tudo o que viveu e concorde com o que foi, como foi e quando foi. Repita: "Eu vejo a sua dor, meu querido pai, sinto a sua dor, mas não vou viver com ela. Manifesto todo o meu amor por você, mas seguirei o meu caminho de evolução".

Esse modelo de afirmação você pode usar para as mais variadas situações. Olhe para as suas conexões, diga que vê a dor de cada antepassado, nomine o que está sentindo – medo, fracasso, raiva, o que for –, diga que vê o sofrimento do outro, que sente por ele, mas que não pode fazer nada diante disso. Fale que você diz sim para o seu próprio destino, para o seu caminho. Peça que ele ou ela dê a sua bênção para que você siga em frente com amor e com liberdade, que abençoe o caminho que você decidir seguir, mesmo que seja diferente do que ele ou ela seguiu. Que você tenha o aval de quem veio antes para ganhar dinheiro, viver com saúde, desfrutar de uma vida maravilhosa, não sucumbir ao medo e aos vícios.

Diga tudo isso, faça essa mentalização, de olhos abertos ou fechados, mas sempre se vendo diante do seu antepassado, olhando nos olhos da sua conexão, daquele ou daquela que você ama e respeita. Depois, ouça o que eles dizem quando você pede para ser visto com generosidade, sinta todo esse carinho. Eles vão libertar você, afirmar que está livre. Os nossos ancestrais são os amores da nossa vida, personagens importantes da nossa história. Não há evolução sem olhar para esse lado, para a nossa origem.

Quando ouvir que deve seguir em frente do seu jeito, durante sua mentalização, mantenha os olhos nele ou nela e diga: "Eu sigo! Eu sigo! Eu sigo! Eu vou fazer valer a pena!". Tudo isso me foi ensinado por Bert Hellinger, o criador da Constelação Familiar, que permitiu a mim e a milhares de pessoas mundo afora que fluíssemos na vida. E de uma maneira antes impensada, completamente nova. A partir daí você vai honrar a vida que tem, vai desejar viver com mais consciência, alegria e glória. Vai entender que tudo o que eles viveram foi importante para que você estivesse onde está agora. De repente, vai perceber que estão sorrindo, alegres e orgulhosos de você, do que decidiu fazer da sua vida a partir de agora. Se para eles não foi possível viver de maneira mais leve e livre porque não tinham informação ou foram determinados a seguir deste ou daquele jeito porque não tiveram consciência a respeito de determinadas condutas, você não precisa repetir os mesmos erros. Eles se submeteram a tudo isso para que você fosse livre, para que pudesse realizar mais.

Olhe nos olhos deles, vire as costas e siga. Faça isso sentindo o calor deles atrás de você, com a certeza de que estão sorrindo. Nesta hora, você vai ouvir: "Vai! Você está livre!". Nesta hora, você vai se ver andando para a frente e se sentir deixando a doença para trás. A doença, o abuso, a escassez, a solidão, o medo. Bem na sua frente, agora, está aquela vida leve, abundante, plena. Viva isso. Sinta que, ao concordar com a dor deles e deixá-la para trás, todos vão ficar felizes com o seu avanço. Felizes e orgulhosos por você, que conseguiu fazer as coisas de um jeito diferente.

Leve as suas duas mãos ao coração, abaixe a cabeça e agradeça a tudo o que foi, como foi, quando foi, por que foi. Só por isso, por concordar com tudo isso, você pode ser quem é. Agradeça a tudo o que veio antes e lhe conduziu até onde está. Sorria! A concordância vai libertar você. Concorde com tudo o que, quando e como vai ser. Apenas deseje, no coração e na mente, que venha o melhor, que aconteça o melhor na sua vida.

Lembro-me de uma história muito bonita e forte ocorrida com um professor que tive e vou compartilhar com você. O primeiro filho dele – um menino – nasceu com uma síndrome rara, que poderia colocar sua vida em risco. Muito impactado pelo fato, ele ficou triste e mexido, mas logo se colocou em movimento e fez o que estava ao seu alcance: procurou o melhor

Olhe para as pessoas com olhos de compaixão.

médico, o melhor tipo de tratamento e o melhor hospital para encaminhar o pequeno. Assim, aos 8 meses, o gurizinho passou pela primeira cirurgia. No dia do procedimento, por mais que o coração estivesse apertado, meu professor teve a lucidez de entregar o filho nas mãos do cirurgião e dizer: "Que aconteça o melhor, mesmo que isso signifique que ele não vá mais viver, doutor. Que aconteça o melhor".

No fim, deu tudo certo. O menino segue sendo acompanhado pelos médicos, mas tem tudo para ter uma vida plena, sem restrições. Seja como for, a coragem e a consciência deste pai me inspiram até hoje. Evoluído que é, ele sabe que Vida é Concordância. E essa consciência o faz livre, leve, mais forte a cada dia.

Quando você desejar que o melhor aconteça para as situações do futuro – sem expectativa e sem querer ter o controle –, estará livre.

Por falar em histórias de pai e filho, quero destacar que o meu filho, Pedro, também me deu uma lição valiosa sobre concordância. Em diversos momentos me pegava questionando se não deveria ter sido jogador de futebol, investido nisso. Era algo que carregava comigo, era um certo apego àquilo que não foi. Até que um dia, ao comentar com ele o fato, ouvi um "pai, que bom que você não foi jogador de futebol". Respondi que pimenta nos olhos dos outros era refresco. Nunca esqueci do que ouvi na sequência: "pai, se você tivesse sido jogador, não teria feito a faculdade de Direito e, por consequência, não teria conhecido a mãe. Se você não tivesse conhecido a mãe, eu não teria nascido".

A minha ficha caiu ali. Muitas vezes, as coisas não acontecem do jeito que a gente quer. Nos martirizamos por não concordar e por não refletir que aquilo que parece ser doloroso na verdade existe ou existiu para que outras coisas mais significativas tivessem espaço em nossas vidas. É sempre para nos levar além, para nos levar para o mais, como gosto de dizer. Disso eu tenho a certeza.

Olhe para as pessoas com olhos de compaixão.

DIZ O DITO POPULAR

As Leis da Vida são tão reais que estão em tudo, inclusive nos ditados populares. Estão naquilo que as pessoas falavam desde o tempo dos nossos bisavôs. Quer ver alguns exemplos que se encaixam perfeitamente na ideia de que Vida é Concordância? Não adianta chorar pelo leite derramado; águas passadas não movem moinho; quem vive de passado é museu.

Concorde, renda-se e curve-se diante de forças maiores que nos conduzem. Não gaste energia com aquilo que você não pode modificar, guarde a sua força para agir, para praticar a primeira Lei da Vida e se colocar em movimento.

Como compartilhei anteriormente, o câncer da Fabiana mexeu conosco. Fácil não foi, mas não assumimos os papéis de vítima, nem nos perguntamos por que aquilo tudo estava acontecendo conosco. Aceitamos que aquela doença era nossa e fomos para a ação, para o movimento. Procuramos os melhores médicos, passamos a nos alimentar melhor, a nos amar e nos cuidar mais. Foi uma mudança profunda no mundo interno dos dois. Uma transformação por dentro que mexeu com o que estava do lado de fora. Uma dor que se mostrou, mais adiante, educativa para nós dois. Muito educativa.

Consciente do pouco tempo de vida que restava a ela, a médica oncologista pediátrica Adriana Santini escreveu um livro sobre a sua história: *Somos todos paliativos*.[29] O objetivo era deixar um presente para o filho, Henrique. A obra foi publicada poucos dias antes de seu falecimento causado por um câncer, em março de 2021.

Em seu relato, ela desenvolve a ideia de paliativo, isto é, aquilo que não tem cura. Como indica o título da publicação, somos todos assim, de modo que só nos resta buscar viver da melhor forma. Nas palavras dela:

> Se todos somos mortais (paliativos), por que não usar nossas capacidades para mudar? Ser paliativo é uma dádiva. [...] Quando nossa mente se dá conta de que todas as culpas que carregamos, as discussões que travamos, não terão o menor significado no dia em que partirmos, tudo fica mais leve. Falavam mal de você? Julgavam sem conhecer você? Que importância tudo isso tem quando você se for? [...] Te convido a mudar sua mente para aumentar sua capacidade de percepção, para que sua experiência de vida seja a mais rica possível. Tudo começa por nossa consciência.

Vida é Concordância, senhoras e senhores. E isso para mim é sinônimo de Vida é Amor. Por quê? Simples, amar as pessoas como elas são, suas escolhas e respeitando seu tempo, é uma prova de amor. É claro que eu adoraria que os meus filhos trabalhassem na nossa empresa, dando continuidade ao negócio, mas eles não querem nem ouvir falar dessa possibilidade, fizeram as próprias escolhas. Compreender isso é um ato de amor, aceitar que não vai ser do jeito que a gente queria que fosse. Dizer que ama querendo mudar o outro não é amor, é exigência.

A gente se perde nas idealizações, no domínio da mente, que nos diz o tempo todo o que é certo e o que é errado, que até

---

[29] SANTINI, A. **Somos todos paliativos**. Porto Alegre: Dialogar, 2021. p. 159.

aceita algumas coisas, mas não concorda realmente com elas. Na verdade, apenas engolimos, aturamos, determinados fatos e situações. Concordar é outra coisa. Note que as leis se complementam e que descumprir uma delas é descumprir outras.

Permita-se aceitar e abrir a porta para infinitas possibilidades de resolução de um problema. Quem não encara a realidade não é capaz de mudar nada.[30] Concordar não significa ficar parado no tempo e no espaço. É exatamente o oposto, ver as coisas como elas são para assim ir em busca de alternativas, de melhorar aquilo que não está bom.

Quanto mais concordamos com as coisas ruins que carregamos, mais elas vão se desfazendo e mais empoderados, em movimento, na verdade e no presente permanecemos.

É preciso abrir os braços para a vida como ela é, em todos os seus tons e solavancos.[31] Não queira negar a realidade: somos humanos, frágeis e falíveis. Assim nós somos, vivemos em um mundo que não é possível controlar. Vida é Concordância, é melhor colocar essa ideia na cabeça de uma vez por todas.

A MAIS LIBERTADORA

A sexta lei é a mais libertadora, a que mais nos abençoa e fortalece. Afirmo a você que concordar requer muito exercício. Você pode começar concordando com o fato de que não concorda. Tenha isso em conta e amorosamente assuma que ainda

---

[30] RAIA, A. Aceitação radical. **Vida simples**. Disponível em: https://vidasimples.co/colunistas/aceitacao-radical/. Acesso em: 25 mar. 2021.

[31] CARDOSO, M. A vida que vale a pena, segundo Nietzsche. **Vida simples**. Disponível em: https://vidasimples.co/colunistas/a-vida-que-vale-a-pena-segundo-nietzsche/. Acesso em: 25 mar. 2021.

LV6: Vida é Concordância

não consegue aceitar os seus erros, o seu pai como ele é, a sua mãe, a sua esposa.

Com o tempo você vai entender a real dimensão desta lei, se permitirá viver com mais leveza, amor e alegria em uma jornada de aprendizado que tem início e meio, mas não tem fim. Comprometa-se, não abra mão disso.

EXERCÍCIOS

1. Faça uma longa lista de coisas das quais discorda em sua vida. Inicie, pelo menos, um processo de concordância. Escreva: "agora eu concordo com..." e faça com tudo o que quiser. Muito embora você ainda não concorde com determinadas afirmações, vai conseguir iniciar esse processo.

2. Existem comportamentos que nos tiram do nosso lugar, que subtraem o nosso poder. Complete todas as frases e descubra onde você está perdendo energia e força. Reflita sobre as suas respostas.

- Critico meus pais sempre que...
- Critico meus pais quando...
- Critico meus pais se...

- Critico meus pais sempre que...
- Critico meus pais quando...
- Critico meus pais se...

- Critico meus pais sempre que...
- Critico meus pais quando...
- Critico meus pais se...

capítulo 10

LV7: VIDA É CONCLUSÃO

Concluiremos, custe o que custar, leve o tempo que levar

Esta Lei da Vida é, como todas as outras, impositiva e inegociável! Nós não temos escolha entre concluir ou não os nossos processos, as nossas questões e tudo o que precisa ser resolvido. Vida é Conclusão, diz a sétima lei.

O problema é que existem pessoas tão, mas tão resistentes que demandam muito tempo para chegar lá. Elas terminam envolvendo outras pessoas no fechamento dos próprios ciclos.

O tempo todo estamos começando novas jornadas, projetos, aprendizados ou etapas. A sétima lei determina que é preciso terminar tudo o que iniciamos ou que já trazemos dentro de nós quando nascemos. Não somos livres; como você já sabe, há sempre uma bagagem junto conosco.

Como se não bastasse o fato de que resistimos em começar as coisas, ainda temos dificuldade em acabar. Não nos sentimos autorizados a viver todas as dores envolvidas nisso sem saber lidar com os desafios, ainda trazemos conosco ciclos do nosso país, da nossa família e assim por diante. Aí vem a visão mais básica do que é conclusão de ciclos, aquela que diz: termine tudo o que começou. Sim, isso é muito importante. Por isso você deve ter cuidado antes de começar alguma coisa. Mesmo que eu já tenha uma visão mais ampla sobre isso, preciso fazer essa recomendação. Cada vez que você começa a academia e para, guarda pequenos ciclos não concluídos. Cada vez que você retoma suas atividades físicas, coloca-se em movimento em nome de um ciclo maior, que envolve todas essas idas e vindas. Neste caso específico, não existem derrotados, mas desistentes. Você pode desistir circunstancialmente, todos desistimos. O complicado mesmo é quando jogamos a toalha para o resto da vida. Percebe a diferença? Desistências circunstanciais não nos fazem derrotados definitivamente, mas circunstancialmente.

Você pode se questionar: mas o que, afinal, são ciclos não concluídos? São os ciclos gerados por projetos iniciados e não acabados no sentido mais amplo, aqueles que não encerramos por discordância, os sentimentos não sentidos, a fuga sem honra e sem gratidão diante dos desafios. Essas quatro situações geram os ciclos não concluídos, que têm consequências sobre nós, efeitos na alma e na mente.

Cada vez que você não conclui um projeto, começa a perder força. O que fica em aberto drena a nossa energia. Por isso vai ficando mais difícil retomar, começar de novo, ir até o fim de uma vez por todas. É como se seguíssemos, vida afora, carregando uma tonelada nas costas. Como se fôssemos aquela pia que está sempre entupida. Imagine-se, então, andando por aí com um desentupidor de pia amarrado na cintura. É isso o que você quer para si?

A renovação se constrói todos os dias. É um olhar, um gesto, um pensamento que pode dar uma nova direção para a nossa vida.

Por isso eu lhe digo: sonhe grande. Pode começar pequeno – digamos assim –, mas cresça rápido. Lembra-se do mínimo e do médio movimento possível? Não espere o cavalo passar selado, arrume você uma sela e prepare o bicho que irá levá-lo à realização de todas as suas metas.

DISCORDÂNCIAS

No que se refere às discordâncias, que também são agentes causadoras de ciclos não concluídos, é como refletimos no capítulo anterior: não adianta resistir. Eu sei, você não concorda que o seu irmão esteja agora no hospital à beira da morte. A questão é: enquanto não houver concordância, você não vai conseguir concluir esse ciclo.

O sofrimento de um ente querido nos mergulha em uma tristeza profunda; não é fácil, ninguém quer sentir isso. O problema é que permanecer na negação só nos traz raiva. A discordância é exatamente isso: raiva. E assim ficamos no falatório da mente, sem entender a fundo o que estamos sentindo, sem fechar os ciclos que precisamos fechar.

E agora chegamos aos sentimentos não sentidos. Vivemos em uma cultura que reprime os sentimentos. É como se não fôssemos autorizados pela sociedade, pela família e pela escola a sentir e a expressar o que está dentro do nosso peito. É o clássico "engole o choro" – que muitos pais ainda falam para os filhos –, além de outras pérolas como "para que chorar?" ou "agora eu vou dar motivo para você sentir raiva". Depois disso, a criança apanha e nunca mais vai querer sentir raiva para não correr o risco de sofrer outra vez. Como se essa fosse uma repressão possível. Muitos desses ciclos não concluídos, de todos os tipos, ficam guardados no profundo da alma, na mente inconsciente, que é o nosso grande arquivo de emoções.

Os projetos não concluídos, por exemplo, podem ser do pai e da mãe. Eu mesmo, por muito tempo, tive a fantasia de voltar a ter uma sorveteria em São Borja por não concordar com o modo como foram encerrados os negócios do meu pai. Consegui tirar isso da cabeça e percebi que não teria uma loja de sorvetes com a intenção de concluir este ciclo para o meu pai e para a minha mãe. Se, na minha percepção, eles não concluíram isso, paciência. Este é um ótimo exemplo de discordância com um projeto não concluído.

Quantos de nós temos uma profissão e nem sabemos que é a mesma que nossos pais gostariam de ter? Quantos não conseguimos concluir o que gostaríamos porque a própria família não concluiu? Somos determinados e determinamos. Quantos de nós discordamos de ocorrências da vida que nem sequer aconteceram conosco? Trazemos muita coisa que não nos pertence, sentimentos que não são nossos. Pense que tudo está a serviço da conclusão de ciclos, tudo. Quantos descendentes de italianos e alemães não conseguem desfrutar da vida simplesmente porque os seus antepassados não desfrutaram? São pessoas que seguem a vida com um determinado ciclo aberto. Na lógica, se não foi possível para quem veio antes de mim, também não vou conseguir.

LV7: Vida é Conclusão

Tudo isso está em nós, mas como não estamos presentes, atentos aos nossos sentimentos, mentimos para nós mesmos dizendo que não é possível realizar isso ou aquilo, que não conseguimos ou damos conta.

Quando nos permitirmos sentir tudo, todos os sentimentos, vamos, enfim, seguir o roteiro que você já conhece e concordar com tudo o que foi, como foi, quando foi. Com tudo o que é, como é, quando é. Liberamo-nos, concluímos ciclos, e tudo isso se integra em nós. O medo não sentido antes vira coragem, é assim que funciona.

Esse sim absoluto vai fazer você concluir ciclos não concluídos. À luz da minha experiência, do meu trabalho com desenvolvimento pessoal, posso afirmar que existem três passos para concluir ciclos: primeiro com movimentos, fazendo o que precisa ser feito; depois, a partir da dor, expressando e sentindo toda a sua aflição; em seguida, concordando com tudo o que foi, como foi e quando foi, conforme o explicado. Estamos falando do sim absoluto.

Sempre finalizamos ciclos em nossas vidas, custe o que custar, leve o tempo que levar. Como somos teimosos, tão teimosos que relutamos quanto a isso, essas conclusões muitas vezes sobram para os nossos filhos. Sim, eles podem ficar com a carga de resolver aquilo que não tivemos coragem ou condições de concluir.

Ao cuidar de você, seus filhos também serão cuidados, liberados para escrever as próprias histórias como bem quiserem. Na minha opinião, um ciclo não concluído é como um buraco negro no espaço, puxando-nos para dentro, sugando-nos até que seja impossível fugir. É isso que você quer para a sua vida? Tenho certeza de que não.

Nascemos para tomar tudo o que a vida tem para oferecer.

AS REPETIÇÕES NO SISTEMA

São os ciclos não concluídos que geram as repetições no sistema familiar, os padrões que se repetem de uma geração para a outra. Aquele divórcio que o seu avô até aceitou porque foi obrigado, mas, no fundo, não concordou em assinar. Com isso, muitos dos herdeiros acabaram se separando também sem lutar pelo casamento como poderiam ter lutado. Do mesmo modo acontece com os negócios, com os fracassos que passam de pai para filho e assim por diante.

Os ciclos não concluídos são, neste contexto, nutrientes para a repetição da dor no sistema. Enquanto um ciclo de uma família não se encerrar, vai se repetir na vida de diferentes pessoas até o dia em que será resolvido. Mesmo que isso leve décadas até o padrão negativo se dissipar, o que só acontece quando algum membro da família recebe as bênçãos dos antepassados para mudar.

Imagino que, a esta etapa da leitura, a sua mente esteja lutando contra a sexta Lei da Vida. Isso só acontece porque você não reconhece que é um grão de areia no Universo. E tudo bem que ainda não consiga dizer sim para tudo o que acontece com você.

No ponto em que estou, tendo estudado tudo o que estudei, vivido tudo o que vivi e aprendido tudo o que aprendi, tenho amorosidade o suficiente para ver a sua dor. Se não tivesse, não poderia ser seu guia, não teria escrito este livro. E você, tem amorosidade o suficiente por si? Consegue dizer sim para a sua dor e, desta forma, viver uma vida mais leve? Ou prefere seguir agarrado ao sofrimento?

Lembre-se de que algumas dores nunca vão passar, mas podem ser atenuadas se você não insistir em fingir que elas não existem. Por outro lado, se você disser sim para tudo o que já lhe aconteceu, vai sentir a própria dor e, ao lidar com ela, se sentirá mais leve. Resistir não vai fazer nada mudar.

Para aqueles que insistem em fechar os olhos, como explicamos há pouco, os descendentes vão começar a viver os mesmos dilemas. Talvez nesta hora essas pessoas acordem. Chega um momento em que ninguém pode fazer mais nada por você a não ser você mesmo. Permanecer negacionista só torna tudo mais doloroso. É aquela lógica de não poder ter um novo início, mas um novo fim. Só você pode fazer isso, escolher viver deste modo. Faça isso por você e pela sua descendência.

Nascemos para tomar tudo o que a vida tem para oferecer.

Existem em nós muitos ciclos não concluídos, inúmeros deles. Quer ver só? As pessoas não fazem mais luto, não sentem mais a perda de entes queridos. Quantos de nós tivemos bebês que não puderam nascer? Fazemos de conta que nada aconteceu, que uma vida não se foi? Ao não se permitir sentir, você deixa muitas coisas em aberto, coleciona mais ciclos não concluídos.

Por que há tantas pessoas angustiadas e aflitas? Elas não sentem a tristeza no dia a dia porque tentaram abafar as próprias dores. Não existe isso de, em um clique, espantar a melancolia e resolver todos os problemas. Lembra-se do túnel da tristeza? É preciso passar por ele, não tem jeito, não existem milagres neste ponto.

NA HORA DO ADEUS

Outro exemplo de consequência de um ciclo não concluído é a separação, por impulso e sem muita reflexão, de um casal. Aquelas nas quais os homens e as mulheres recém-divorciados

LV7: Vida é Conclusão

vão para a balada encher a cara e agarrar a primeira pessoa que aparecer pela frente. Os dois lados passam a ter atitudes provocativas para não demonstrar a dor que sentem pelo fim do casamento. O luto de um divórcio é duro, de dar vontade de se sentar no chão e chorar. Mas as pessoas não querem chorar o fim de uma união. Já entendeu que aí vem mais um ciclo não concluído, né?

O ideal, neste caso, seria realmente liberar o choro, porque foram muitos anos dedicados àquele projeto de vida juntos. Vêm as recordações de conquistas, viagens, carinhos, dores compartilhadas, jantares, casa, filhos e tantas coisas mais. Por isso é tão importante passar tudo a limpo, sentir toda a tristeza e encerrar a história com honra e gratidão ao outro. Não é assim que a maioria das pessoas faz, sabemos. Preferem fazer de conta que é muito simples colocar um ponto-final em um casamento e saem levando mágoas, ódio, ressentimentos e raiva. Basicamente não concluem a separação, ficam presas ao passado. Depois não entendem por que não encontram um bom companheiro ou companheira para se relacionar. Você acha que isso acontece? É simples: para um chegar, outro precisa sair, e o ex só pode sair quando o ciclo daquela relação estiver concluído. É preciso viver o luto completo, com toda a honra, respeito e gratidão.

No Japão, por exemplo, existe um tipo de ritual chamado cerimônia de descasamento.[32] A ideia é marcar o fim da união com honra e reconhecimento daquilo que se viveu, o fim de uma etapa importante da vida. Alguns casais – ex-casais, na verdade – quebram as alianças com um martelo para que o fim seja bem

---

[32] PRESSE, F. Divórcio à japonesa: uma cerimônia e um martelo para marcar a ruptura. **G1**, 7 jul. 2011. Disponível em: http://g1.globo.com/mundo/noticia/2011/07/divorcio-a-japonesa-uma-cerimonia-e-um-martelo-para-marcar-a-ruptura.html. Acesso em: 31 mar. 2021.

marcado. Para que a página seja virada de fato. Penso que essa consciência é necessária para toda e qualquer situação em nossas vidas. Como você se desfaz de um carro velho quando compra um novo? Você é grato pelo tempo que passou com o antigo ou reclama? E quando muda de casa, leva as ótimas lembranças de tudo o que viveu no imóvel? É assim também com a escola, a faculdade, o primeiro emprego, o primeiro amor e assim por diante.

Sobre emprego, como você saiu da maioria das suas experiências profissionais? Por mais que tenha sido maltratado, eventualmente, nesta ou naquela empresa, mesmo que não tenha recebido um salário justo, você agradeceu por tudo o que aquele empregador lhe deu? Ou ficou magoado pela demissão e não conseguiu enxergar mais nada? Lembre-se de que tudo o que acontece é para nos levar além – levar para o mais. Essa demissão provavelmente serviu para que você percebesse que não estava entregando tudo o que pensou que estivesse.

Repare que algumas das celebrações mais importantes da vida marcam conclusões de ciclos, são rituais com este objetivo. Concordar, sentir o que precisa ser sentido, acabar o que precisa ser acabado, honrar e agradecer a cada etapa de nossa vida é a única forma de concluir ciclos. Isso você pode fazer a qualquer momento. Agora mesmo, neste exato instante, pense nas muitas situações passadas na sua vida que foram mal concluídas. Visualize as portas abertas que andou deixando para trás.

Saiba que são como buracos negros que nos sugam para dentro. Faça terapia e volte ao passado para sentir o que não foi sentido, acabar com o que não foi acabado em seu coração. Aproveite ainda para concordar com o que não foi possível concordar antes, expressar o que não foi possível expressar. Agradeça por tudo, honre a sua história.

LV7: Vida é Conclusão

Sim, nós não passamos de um bando de ingratos. Dói pensar nisso, mas é um modo de restabelecer a verdade. É por isso que falo tanto sobre a ideia do caminho que tem início e meio, mas não tem fim. É preciso desvendar os mistérios da inconsciência, os muitos ciclos não concluídos que existem dentro de nós.

Você nunca vai descobrir quem é se ficar se escondendo da vida.

Os mesmos ciclos que puxam a nossa alma sempre para o passado, que nos tiram da presença, afetam a nossa energia, a nossa força. Há outro efeito ainda, o psíquico, quando você passa a acreditar que não consegue terminar as coisas.

Este livro está aqui para ajudar você. Se pensa que não precisa se preocupar com os ciclos não encerrados, afinal tem casa, comida na geladeira e um carro na garagem, vai terminar deixando tudo para os seus filhos mesmo. E eles, muito provavelmente, também não vão conseguir colocar um ponto-final nos ciclos deles. Estou falando do filho que vai ser obeso como você, da filha que não vai conseguir concluir a universidade como você não conseguiu, ou melhor, como você nem quis tentar continuar. Do caçula que não vai conseguir ter estabilidade financeira – igualzinho a você.

Refletindo sobre todas essas questões, quem sabe agora você escolha desfrutar da sua jornada, acorde e decida honrar a sua história e agradecer por tudo o que recebeu da vida. Tenha certeza de que vai se colocar cada vez mais em movimento, estar mais presente e na verdade. Vai ter dor, medo, tristeza e raiva, mas concordando com o passado dos seus ancestrais e com tudo o que é, como é quando é. Ao concluir os seus ciclos internos, tanto você como seus descendentes estarão mais livres, veja a beleza que existe nisso.

Você nunca vai descobrir quem é se ficar se escondendo da vida.

LÁ NOS GENES

Existe uma área nova da ciência que dialoga com essas reflexões. Estamos falando da Epigenética.[33] Ao pé da letra, o termo define aquilo que está "além da genética". É basicamente o estudo das estruturas moleculares envolvidas na interação entre os fatores ambientais e a informação contida no DNA.

Na prática, é como se fosse possível modificar parte das nossas células e passar essas alterações para as gerações seguintes. Nesta linha de pensamento, os chamados processos epigenéticos respondem às influências externas, como o estresse, o calor, a fome e o frio. Existem estudos que mostram que homens e mulheres que viveram traumas podem ter descendentes sensíveis às mesmas dores. Uma herança que vai além do DNA propriamente dito, uma chave para entender que podemos realmente mudar o nosso modo de funcionar se quisermos.

Entende que até geneticamente você pode se libertar? Perceba a força que existe nisso. Invista no seu autoconhecimento, no seu amadurecimento e na sua evolução pessoal. Passe boas modificações genéticas para os seus filhos e netos. Insisto: quando você cuida de si mesmo, atenta-se à conclusão dos próprios ciclos, está cuidando também da conclusão de ciclos de toda a sua descendência. Você está fazendo a sua parte, e o que seus filhos e netos farão com isso não diz respeito a você.

Sinta que agora você está consciente, lúcido, vivendo na verdade. Já não pode mais dizer que não sabia nada sobre os assuntos aqui tratados, ligados à nossa sexta lei: Vida é

---

[33] SALVADOR, N. Entenda de uma vez: o que é epigenética? **Super Interessante**, 21 ago. 2019. Disponível em: https://super.abril.com.br/ciencia/entenda-de-uma-vez-o-que-e-epigenetica/. Acesso em: 26 mar. 2020.

As 9 leis inegociáveis da vida

Conclusão. Não tenha dúvidas de que estar consciente é muito melhor, embora exija de nós mais responsabilidades. Não dá mais para se fazer de vítima, de coitado ou coitada. Agora você sabe claramente as consequências de ficar mais dez minutos na cama todos os dias, quando toca o despertador, de dizer que vai começar aquele projeto na semana que vem, de mentir para si mesmo e responsabilizar terceiros. Leia claramente o que vou lhe dizer: "Chega!". Tome a sua vida nas mãos. Uma vida leve e realizadora está ao seu alcance, não duvide disso.

Conclua os projetos não finalizados, concorde com o que ainda não foi possível. Sinta e expresse os sentimentos que nem sabe existirem aí dentro, saia de todas as situações da sua vida com honra e gratidão. Lembre-se de que todas elas, todas mesmo, lhe deram algo, ofereceram a você ferramentas para que não fosse sugado pelos ciclos não concluídos, para que a sua mente não tivesse espaço para mentir para você.

Não se culpe pelos ciclos que ficaram abertos. Tudo bem, concorde com eles. Aceite o fato de que até agora – agorinha mesmo – você estava inconsciente e deu o melhor de si com os recursos que tinha. Coloque-se em movimento e siga em frente.

EXERCÍCIO

GUIA PARA A CONCLUSÃO DE CICLOS

1. Liste os seus principais ciclos não concluídos;
2. Feche os olhos e permita que sons e imagens de cada um deles passem pela sua mente e observe aquele que produz mais tensão, mais vibração, que gera mais sensações em seu corpo.

LV7: Vida é Conclusão

3. Escolha o ciclo de maior impacto em você para ser concluído.
4. Verifique se é possível concluir o que se iniciou. Exemplo 1: você tem 40 anos e ainda não se conformou em não ter sido jogador de futebol – não é mais possível ser jogador, não é possível concluir. Exemplo 2: você saiu de um namoro sem se despedir, mas tem contato com o(a) ex e tem clima para um adeus com gratidão – é possível concluir.

Se não for possível concluir:
- Passo A: reservadamente, se possível com uma música, relembre as imagens, os sons, os cheiros, os sabores conectados às situações de vida não concluídas.
- Passo B: de olhos fechados sorria, alegre-se, agradeça por tudo o que aconteceu.
- Passo C: diga "sinto muito que não foi possível concluir _____. Dei o meu melhor. Agradeço por tudo o que aconteceu e agora digo sim para tudo, tudo, tudo o que foi possível e para o que não foi. Agora vejo que tudo que nos acontece extrai o melhor de nós e sigo, estou livre. Livre!".

Se for possível concluir:
- Passo A: faça os primeiros movimentos, mesmo que pequenos.
- Passo B: faça todos os movimentos necessários para a conclusão, até os mais difíceis.
- Passo C: conclua.

capítulo II

LV8: VIDA É SEMEADURA

Dominamos a semeadura, à colheita nos rendemos. Semear, semear, semear, semear...

Quando estava escrevendo sobre esta lei, pensei em várias possibilidades para defini-la. Terminei ficando com "Vida é Semeadura", que para mim faz todo o sentido por ser simples, de fácil entendimento, e cuja ideia é conhecida por meio do dito popular que diz: "aqui se planta, aqui se colhe".

É exatamente isso que quero destacar a você: a simplicidade deste conceito. Não vou tirar nenhum coelho da cartola. Só quero ajudá-lo a perceber, com os pés no chão, que não está conectado, de fato, com este modo de ver as coisas, embora acredite nisso. Digo isso por muitos motivos. Por exemplo: você alguma vez já comentou "bem feito, aqui se faz, aqui se paga" depois de ver uma pessoa de quem não gosta muito quebrar a cara? Provavelmente sim. É assim com todos nós e tudo bem. Somos humanos comuns e vivemos na inconsciência, não vemos a verdade.

Agora quero que você pense em alguma situação da vida, seja pessoal ou profissional, em qualquer fato que o tenha prejudicado ou deixado em uma situação desconfortável, fazendo-o colher maus resultados. Diante desse acontecimento, você disse para si mesmo "bem feito, aqui se faz, aqui se paga"? Já perguntei isso milhares de vezes para grandes grupos de treinamento e a primeira reação da maioria das pessoas é um riso incontido. Claro! Dão-se conta de que nunca disseram "aqui se faz, aqui se paga" para si mesmos. Por quê? Porque dissociamos causa e efeito. Costumamos olhar para os efeitos negativos das nossas escolhas, mas não observamos, não investigamos, não vamos a fundo nas causas deles. Esse é o primeiro motivo pelo qual não aproveitamos essa lei como poderíamos. Se para cada coisa ruim, para cada evento triste, desconfortável e que contraria as nossas vontades fôssemos capazes de nos questionar a respeito, seria possível assumir, definitivamente, o poder sobre a nossa vida. Se parássemos de acusar, cobrar, reclamar e terceirizar responsabilidades, entendendo que absolutamente tudo é fruto dos nossos atos, das nossas escolhas, das nossas crenças, a vida seria outra. E aqui estou falando de tudo mesmo, inclusive das doenças. No meu entendimento e à luz daquilo que já vivi e aprendi, posso dizer que tudo é construído, semeado, por nós. Seja de modo consciente ou inconsciente, a construção é sempre nossa.

Não há nada que você colha na vida que não tenha sido semeado por você mesmo ao longo do tempo, às vezes ao longo de muito tempo. E agora você me pergunta: "Tudo bem,

LV8: Vida é Semeadura

Marcel, mas como lidar com isso daqui por diante?". Bem, fazendo a si mesmo um questionamento bem simples sobre a própria colheita: "Qual é a minha parte nisso?".

As perguntas a seguir servem de exemplo para você reconhecer o que semeou e refletir sobre isso. Explicando com mais clareza, funciona assim:

- Meu casamento está infeliz. Qual é a minha parte nisso?
- Meu filho tem transtorno obsessivo compulsivo. Qual é a minha parte nisso?
- Minha filha não me respeita. Qual é a minha parte nisso?
- Meu salário é muito baixo. Qual é a minha parte nisso?
- Tenho poucos clientes na minha empresa de consultoria, o movimento caiu muito. Qual é a minha parte nisso?
- Estou acima do peso e isso já compromete a minha saúde. Qual é a minha parte nisso?

Percebe a importância de assumir responsabilidades? Gosto de compartilhar a história que ouvi de um cliente, um empresário, sobre salário. De origem alemã, ele me contou que, em seu idioma, o termo *lohn* tem o sentido de merecimento mais do que de pagamento de um valor fixo pelo trabalho prestado.[34] Naquele país, as pessoas recebem, ao pé da letra, aquilo "que merecem" pelo que realizaram, um conceito muito bonito, na minha opinião.

Todos estamos a serviço da vida em tudo o que fazemos: nas nossas profissões, nas nossas rotinas como pais e mães ou simplesmente fazendo parte da natureza. Em algumas ocupações é mais fácil identificar essa servidão, como no caso dos médicos, enfermeiros e psicólogos. Mas todas, todas mesmo,

---

[34] SALÁRIO. *In:* **Michaelis**. Disponível em: https://michaelis.uol.com.br/escolar-alemao/busca/portugues-alemao/sal%C3%A1rio/. Acesso em: 29 mar. 2021.

têm essa função. O economista que trabalha no departamento mais específico de um grande banco e, de modo indireto, ajuda as pessoas a investirem o próprio dinheiro também está a serviço da vida. A auxiliar de limpeza de uma multinacional serve à vida ao permitir que todos os funcionários trabalhem em boas condições de higiene e saúde. É assim que funciona. Por isso, o nosso Vida é Semeadura também poderia ser descrito como Vida é Merecimento. É essa a ideia.

DEZ BOLAS NA TRAVE

Sabe essa barriguinha que você carrega aí? Você a merece. E o dinheiro que entra na sua conta todos os meses? Seja qual for o valor, você o merece. A vida é como um jogo de futebol, não há justiça ou injustiça, vale o que acontece em campo. E não me venha com essa história de que o seu time jogou melhor. Se foram dez bolas na trave contra uma na rede do oponente, o outro mereceu ganhar sim, e acabou.

Quero ver se você pega o seu holerite – ou contracheque – todos os meses, vai para a frente do espelho, olha nos seus olhos e diz: "parabéns este é o seu merecimento" ou "agora aguenta!". A vida da qual você desfruta é resultado do que você semeou ou deixou de semear ao longo dos anos. Você não percebe a ligação de causa e efeito, o chamado nexo causal. Todo mundo deveria escrever em local visível: "a vida que colho hoje é resultado dos plantios de ontem". Mas sem culpa. A culpa é inimiga da responsabilidade. Quanto mais nos culpamos, menos respondemos com ações. A culpa nos prende ao passado, impede-nos de prosseguir, nos pune, nos martiriza. A responsabilidade nos projeta para o movimento, para o presente edificador de um futuro que vem ao encontro do que merecemos de verdade.

Assuma as suas responsabilidades. Após a leitura deste livro, você vai deixar de ser criança, vítima, coitado e coadjuvante. Vai passar a ser o responsável e protagonista da sua vida; diretor e roteirista da sua história; dono do seu destino. Vai assumir o domínio da própria vida.

CRIE A SUA REALIDADE

Pare de jogar a culpa nos outros. Não importa o que nos acontece, mas o que fazemos com aquilo que nos acontece. Pare de mentir para si mesmo. Só assim vai ser possível começar a plantar o vidão que você merece viver: "aqui se planta, aqui se irriga, aqui se colhe".

Coloque tudo na sua mente e repita diariamente "aqui se planta, aqui se irriga, aqui se colhe". Coloque consciência e emoção nisso. É assim que a evolução começa. Somos capazes de cocriar a nossa realidade. Você já parou para pensar nisso? É sempre um alinhamento entre a emoção, o pensamento e a ação. Tudo o que já é realidade no seu mundo interno pode passar a existir no externo também.

Em *DNA da cocriação: sintonize seu novo eu*,[35] a treinadora e reprogramadora mental Elainne Ourives explica que todos nós somos capazes de construir nossas realidades, que tudo parte das nossas mentes e emoções. O primeiro passo para isso é a tomada de consciência de como as coisas funcionam. A seguir, reafirme o seu desejo para si mesmo e visualize o sonho que tem, aquilo que você quer para a sua vida. Sinta que o seu objetivo já foi alcançado. Crie imagens dele na sua mente. E,

---

[35] OURIVES, E. **DNA da cocriação:** sintonize seu novo eu. São Paulo: Gente, 2020.

claro, coloque-se em movimento, tenha atitudes para concretizar o seu desejo. Por isso destaco a complementaridade entre emoção, pensamento e ação.

Vida é Semeadura e você só não encontra as razões que estão por trás dos seus resultados por não estar presente no aqui e agora. Você não está consciente da verdade. Uma vez presente e consciente, vai ser possível sentir a dor de compreender exatamente que tudo o que se vive hoje foi você quem semeou durante a sua caminhada. Se esse plantio não aconteceu ontem, é porque não foi feito anos atrás, mas não foi feito por você, não dá para fugir disso.

Por muito tempo, quando estava em treinamento com meus mestres e professores, tinha inveja pela entrega dos alunos deles, pela doação, pelo tanto que aquelas pessoas aproveitavam as aulas. Não via o mesmo nos meus. Mal sabia eu que aqueles eram os alunos que eu merecia, que eram adequados ao meu estágio de desenvolvimento. Não estava pronto para atrair casos mais complexos, para ter os participantes incríveis que tenho hoje em meus eventos.

O tempo todo, tenho a felicidade de me perguntar como tanta gente boa vem participar dos cursos conosco. De onde brotam tantos homens e mulheres especiais assim, de onde vem tanta amorosidade, tanta gente conectada com a nossa missão, com os valores nos quais acreditamos? É da nossa semeadura, eu sei. Sempre é.

Chegar a essa conclusão pelo viés positivo é fácil, normalmente agimos assim. Se ganhamos bem, pensamos que plantamos isso. Mas quando o nosso esposo ou esposa nos trata mal, não costumamos perguntar qual é a nossa parte nisso. Se você trabalha há vinte anos e não tem um centavo guardado no banco para as situações de emergência, qual é a sua parte nisso?

Esse é o jogo perverso que vivemos em nossa mente, consideramos que somos semeadores e colhedores somente das coisas boas. Da responsabilidade – diante das coisas ruins – a gente foge. É nesse momento que dizemos que somos azarados ou vítimas das atitudes equivocadas dos outros. Não assumimos a semeadura, mas queremos sempre a melhor colheita. Comportamentos assim só nos prejudicam.

À COLHEITA NOS RENDEMOS

Pense que, se dominamos a semeadura, nos rendemos à colheita. Geralmente, em vez de fazermos a nossa parte em semear, a parte que nós podemos controlar, nos revoltamos com o resultado, discordamos daquilo que recebemos. Ficamos bravos e achamos que está tudo errado, que merecemos mais da vida.

Quando é preciso atuar no mundo externo, ou seja, no movimento, no ato da semeadura e na ação, muitas vezes não o fazemos. E mais, quando a colheita não atende bem às nossas expectativas, não abaixamos a cabeça e nos rendemos dizendo "aqui se planta, aqui se colhe". É mais fácil dizer que a vida é injusta e contestar tudo o que nos aconteceu perguntando-nos: "Mas como isso é possível, como pôde acontecer justamente comigo? Como o fulano pode ir tão bem se eu me saí tão mal?".

OS QUATRO PASSOS

Você precisa entender algo extremamente importante: só podemos fazer o nosso melhor na semeadura. Diante da colheita só resta a rendição, ela não nos pertence mais. Não adianta reclamar, julgar, criticar ou discordar. Se o resultado não atendeu às nossas expectativas, é porque faltou algo que não fizemos, que ainda não alcançamos, que precisamos aprender.

Sonhe grande e coloque em movimento: viva grande!

LV8: Vida é Semeadura

Neste ponto, recomendo que quatro passos sejam dados:

1. Sempre repita a pergunta: qual é a minha parte nisso?
2. O que você pode fazer de diferente agora para que isso não se repita, com o objetivo de ter um resultado melhor?
3. Pergunte-se: o que preciso aprender que ainda não sei?
4. Coloque-se em movimento, retome a semeadura.

Gosto muito do exemplo do produtor rural que preparou o solo na hora certa, do jeito certo, que semeou no momento indicado, com a melhor semente e teve todo o cuidado no uso de herbicidas, fungicidas e fertilizantes. Fez absolutamente tudo o que deveria ter feito e não choveu. Diante disso, ele simplesmente se rendeu à colheita que teve.

Aqui há uma conexão com a nossa sexta lei: Vida é Concordância. Render-se à colheita é concordar com ela. É não desejar que tudo tivesse sido diferente, mas estar de acordo. Basicamente aceitar que tudo é, como é, quando é. E que tudo o que nos acontece é para nos levar além e para o mais. Perceba que absolutamente sempre, diante dos recursos, das informações e da consciência que você tinha no momento, fez o melhor para sua colheita. Deixe-se seguir e guarde as lições para uma próxima oportunidade.

Já vi algumas pessoas desistirem da vida por não concordarem com a colheita que tiveram. Gente que não conseguiu lidar com situações de crise econômica e escassez de dinheiro, por exemplo. Pessoas que não perceberam que deram o melhor de si. Aconteceu com o pai de um amigo meu, um tradicional produtor rural gaúcho. Um homem com uma história de vida dedicada ao campo. Há algumas décadas, viu-se em desespero ao perder muito dinheiro. Apesar dos próprios esforços, da semeadura impecável na terra, a safra do ano foi lastimável. Viu-se sem reservas e sem rumo. De tão abalado, cometeu suicídio.

As 9 leis inegociáveis da vida

Foi um choque para a família e para todos aqueles que conheciam a trajetória dele. Nós não definimos a colheita, podemos cuidar apenas da semeadura.

Por isso devemos concordar, no mundo interno, na alma, com aquilo que a vida nos traz. E pensar assim é concordar, assentir, com os resultados que vierem. Não dá para querer ser o semeador e o definidor da colheita; depois que já aconteceu, ela não nos pertence mais.

Faça os movimentos necessários na hora de semear, siga os quatro passos, renda-se e concorde do modo que você já sabe ser o mais indicado para a sua evolução. Simplesmente diga sim ao que foi, como foi e quando foi. Com o que é, como é, quando é. Com o que vai ser, como vai ser, quando vai ser.

Vida é semeadura! Semear, semear, semear... um dia, sem apressar, a colheita chega. E, quando chega, traz paz, saúde, felicidade, abundância, prosperidade.

Eu confio que, por trás de tudo, há uma sabedoria divina – um jogo cósmico – que está aqui para nos fazer crescer, evoluir e viver a felicidade. Não estamos aqui para analisar, avaliar e julgar tudo o que acontece, estamos aqui para viver a vida como ela nos apresenta. Este é o sentido da vida. Viver!!

Se o juiz anulou um gol válido, vamos lá e fazemos outro gol. Entendeu? É seguir jogando para conseguir vencer. Coloque-se em movimento, esteja presente, consciente, aberto. Depois disso, basta deitar-se e dormir em paz: você fez tudo o que estava ao seu alcance.

FAZER VALER A PENA

Sou muito grato aos meus pais por muita coisa, e especialmente ao meu pai, que, tenho certeza, ficou em pé por nós

LV8: Vida é Semeadura

mesmo tendo sentido tanta dor. O homem que me deu a vida veio para São Borja trazendo apenas uma mala. Estudou, trabalhou e empreendeu. Ele e a minha mãe foram muito bem-sucedidos. Até que, na época do Plano Cruzado,[36] no governo José Sarney, os negócios passaram por uma fase difícil. Ele chegou a adoecer gravemente, foram meses de hospital e UTI; por conta disso, afinal, sendo um homem muito digno, muito cuidadoso com as próprias obrigações, ficou muito entristecido com aquela crise financeira. De certa forma, morreu por dentro.

Ele nunca me disse isso, mas sei que, muitas vezes, perguntou-se se não era mais fácil acabar com tudo aquilo. Acredito que ele disse sim à vida foi por nossa mãe, por mim, pelas minhas irmãs e pelos netos. Presente ele ficou e sentiu tudo o que era preciso sentir. Teve que se render à colheita. Se ele tivesse se insurgido contra aquilo que sentia, não estaria mais aqui.

E nós, o que podemos fazer com essas lições? Honrar o que foi possível, o que o nosso pai, a nossa mãe, o que os nossos avós nos deram. Honrar, fazer valer a pena. É olhar para a grandiosidade dessas almas e dizer: "Eu vou fazer valer a pena: vou fazer a minha parte, semear, fazer o movimento que deve ser feito". Nada do que os meus ancestrais fizeram terá sido em vão. Tudo o que esses homens e essas mulheres que vieram antes de mim fizeram para que a vida chegasse até mim merece o meu respeito, o meu reconhecimento. Eles semearam o que tiveram condições de semear. Eu me rendo à colheita que foi possível com o movimento deles.

Como escreveu a advogada e artesã Lu Gastal em carta dedicada à memória do seu pai, em texto no site da revista *Vida*

---

[36] GLOBO.COM. **Plano Cruzado**, 2021. Memória Globo. Disponível em: https://memoriaglobo.globo.com/jornalismo/coberturas/plano-cruzado/. Acesso em: 29 mar. 2021.

As 9 leis inegociáveis da vida

simples,[37] são profundas as lições que aprendemos com quem veio antes:

> Dizem por aí que todos somos imperfeitos, o negócio é assumir essa imperfeição e viver bem, diante da nossa própria vulnerabilidade. Sabe, pai, a coisa anda tão confusa por aqui que o jeito é buscar felicidade nas pequenas alegrias. Essa foi das minhas mais importantes descobertas; que a tal felicidade está nas pequenas coisas. Tu que eras uma pessoa que apreciavas as coisas simples da vida, ficaria orgulhoso em me ver, nesses tempos duros de pandemia. A Luciana agitada e apressada, embora siga ainda agitada e apressada, aprendeu a contemplar, a esperar o tempo das coisas. E, por vezes, se surpreende ao constatar que ele, o tempo, acomoda quase tudo.

Só resta a você aprender, entregar-se a essa colheita e semear você também empreendedorismo, criatividade, amor, carinho, tolerância, todo o talento que você já tem aí dentro, mas que se nega a deixar vir, a aparecer para o mundo externo. Você ainda exige que a colheita seja do jeito que você quer que seja, está esperando aparecer a semente perfeita para assim ter a colheita perfeita. Você não se permite semear a melhor semente possível porque virou refém dela mesma, da sua mente que mente. É ela quem diz que você não está pronto, que não é a hora, que faz você pensar que vai ser criticado e, assim, parar no tempo e no espaço.

E aqui eu vou escrever, novamente neste livro, para que você realmente fique atento: chega! Honre a sua história, abra novos caminhos. Faça o movimento que precisa ser feito e deixe que a Vida, por meio das suas inegociáveis leis, faça o melhor por você.

---

[37] GASTAL, L. Carta para o pai. **Vida simples.** Disponível em: https://vidasimples.co/colunistas/carta-para-o-pai-por-lu-gastal-escrever-cartas-pandemia/. Acesso em: 29 mar. 2021.

LV8: Vida é Semeadura

Exerça o seu domínio apenas sobre aquilo que é possível controlar: a sua semeadura. Faça tudo o que puder fazer e, depois, renda-se à colheita.

Sonhe grande e coloque-se em ação: viva grande!

EXERCÍCIO

Podemos desenvolver crenças poderosas em nós mesmos por intermédio da repetição sob forte emoção. Criei o texto a seguir para gerar muito movimento na sua vida. Você deverá dizê-lo todas as manhãs, em voz alta, por dez minutos, com intensidade, vibração, movimentos físicos cheios de vigor. Com atitudes que demonstrem que você acredita no que está falando, ouvindo uma música que desperte a sensação de otimismo, determinação e vitória em você.

Basta repetir todos os dias, por apenas 5 minutos:

Em movimento, eu sou a força;
Na responsabilidade, eu sou o líder;
Jamais duvido, sou poder ilimitado;
Como os craques eu sou um craque;
Porque treino, domino o caminho;
Porque observo, nunca me perco;
Em competição, eu sou um animal;
Quando não faço, em paz, desconforto-me;
Quando faço, com alegria, regalo-me;
Em celebração, sou pura gratidão;
Em movimento, eu sou extraordinário;
Em movimento, vida extraordinária!

capítulo 12

LV9: VIDA É SERVIDÃO

Da vida somos servos

Desde criança, já me imaginava fazendo o bem, ajudando a fazer do mundo um lugar mais amoroso. Quando abri minha empresa, logo escrevi a missão: "Contribuir significativamente para a felicidade das pessoas". Nessa linha, posso dizer que o conceito de Vida é Servidão – que define a nona Lei da Vida – sempre esteve comigo.

Ao longo do tempo, à medida que avançava em meus estudos, fui reforçando essa ideia, principalmente com a ajuda dos professores de Constelação Familiar: Décio de Oliveira, Wilma de Oliveira, bem como Bert e Sophie Hellinger, respectivamente o criador e uma das principais divulgadoras desta abordagem em todo o mundo. Eles me ensinaram que é muito bom servir. Servir à vida. Tem muita gente que não está a serviço da vida, mas apenas do dinheiro, apenas do reconhecimento, da vaidade, do que quer que seja.

Não podemos esquecer da nossa Lei Magna: Vida É. Essa profundidade, essa noção da inevitabilidade das Leis da Vida, nos ajuda a seguir, a entender o sentido das coisas.

Vida é Servidão. Não é que você pode ou não estar a serviço da vida: você está, não existe outra possibilidade. Tudo no Universo faz parte de um macro, gigantesco, misterioso e incompreensível sistema. Até os predadores estão a serviço da vida. Da vida somos servos, e vou provar isso a você agora.

Comecemos com os exemplos mais simples: a chuva serve à vida dos rios ou não? Os rios servem à vida dos peixes ou não? Os peixes servem à vida das baleias ou não? Você agora vai dizer: "Ah, Marcel, mas isso é óbvio, você está falando de um ecossistema, da cadeia alimentar...". Sim, bem óbvio mesmo. Até porque todas as Leis da Vida são muito óbvias, nós é que resistimos em vê-las e em concordarmos com aquilo que elas dizem. Ficamos na mente e temos dificuldade em nos render.

Quando um passarinho come uma fruta e espalha as sementes, ele não está a serviço da vida? E quando este mesmo passarinho tira os carrapatos do lombo do boi que está pastando no campo, não é também uma prova de servidão à existência? É impossível não estar a serviço da vida.

Falamos acima da vida em seu estado natural. A questão é que, com o desenvolvimento da mente humana ao longo do curso da história, o modo como lidamos com os pensamentos, os sentimentos e as ações mudou muito, ficando um tanto

LV9: Vida é Servidão

artificial. Assim, passamos a nos colocar obsessivamente a serviço do reconhecimento e do dinheiro, para citar apenas dois pontos. Como a maioria das pessoas não tem informação e vive na inconsciência, no domínio da mente que mente, não se sente conectada ao todo, ao fato de sermos servos da vida, porque é exatamente isso que somos. Esse é o nosso propósito original de existir, embora pouca gente se dê conta disso.

No meu entendimento, baseado em tudo o que já aprendi e vivi, esse é o plano que um ser misterioso – superior, a Grande Alma, Deus, o Universo, a Essência Divina, a Suprema Luz –, definiu para cada um de nós. Sem ele, acabamos ficando profundamente desnutridos da fonte vital da vida, que é o amor no sentido mais amplo da palavra. Sim, mil vezes sim! Servir à vida com amor é uma das formas mais lindas e efetivas de nos conectarmos com a fonte do amor, com o amor, com Deus. Afinal, Deus é amor!

Se não o fizermos, perdemos força e determinação. Mesmo que sejamos muito bem-sucedidos no mundo externo, ganhando muito dinheiro, morando em uma mansão e tendo reconhecimento profissional, muitas vezes existe um vazio enorme por dentro. E você sabe perfeitamente do que estou falando, porque o que parece ser "tudo" no mundo externo não é capaz de preencher a nossa alma, levar-nos à plenitude. Eu mesmo já caminhei 315 quilômetros sozinho, com uma mochila e duas mudas de roupa, por quinze dias, e ali descobri que a gente precisa de muito pouco para viver.

Você já tem tudo: sua moto, sua bicicleta, seu carro, sua casa, seu emprego, sua esposa ou seu esposo, seus filhos. As pessoas que, mesmo com tudo isso, ainda se sentem vazias, deveriam avaliar e pensar que já têm o suficiente. Coloque-se a serviço da vida e as respostas vão aparecer.

E chegou a hora de você me dizer: "Tudo bem, Marcel, já entendi que temos que estar a serviço da vida e que a maioria das pessoas não está sentindo aquele aperto por dentro, aquele preenchimento, aquela sensação de que não nos falta nada. Mas o que é exatamente estar a serviço da vida? Como posso fazer isso? Me explica?". Na verdade, você já está, apenas e demasiadamente, a serviço da vida. O que acontece é que, como a sua mente está em busca de dinheiro, reconhecimento e sobrevivência, você não consegue sair da mente e ir para o corpo, para a alma, para o coração, para o seu núcleo emocional, sentindo a plenitude, a grandeza, o amor de servir à vida.

O SENTIDO DO TRABALHO

Reflita comigo: se o seu filho – ou o seu neto – pedir para que você não trabalhe hoje, fazendo companhia para ele nas brincadeiras, muito provavelmente você vai explicar que trabalha para ganhar dinheiro e para comprar tudo de que ele precisa. É assim que você pensa, que é só pela remuneração. Obviamente é para isso também, mas não somente pela parte financeira. O seu trabalho tem – ou deveria ter – um propósito, um sentido, uma razão de ser. Qualquer ocupação traz isso consigo. Não ensine às crianças que o trabalho é um peso, algo que a gente precisa aturar para não passar fome. Vá além e mostre que aquilo que você faz ajuda as pessoas, ajuda o mundo a ser melhor. Não queira que os seus pequenos trabalhem apenas pela sobrevivência, pelo reconhecimento, pelo salário.

Se você ainda não entendeu o que é servir à vida, vou explicar um pouco melhor. Ser um servo da vida é compreender o sentido maior, a finalidade suprema de estar vivo. É compreender o propósito real de existir.

LV9: Vida é Servidão

Quando estava na escola, aprendi que estamos aqui para perpetuar a espécie. Para casar, ter bebês, cuidar deles e trabalhar. A meu ver, esse é um modo limitado de ser servo da vida. Para mim, um desperdício de energia, amor e talento. Um olhar distorcido diante do tempo que passamos na Terra.

Se alguém perguntasse, hoje, o que você faz, o que responderia? Uma dentista diria que é dentista, um vendedor de loja diria que é vendedor, um empresário diria que é dono de um negócio, um coletor de lixo diria que recolhe os sacos de lixo da rua e assim por diante. Eles não estão errados, mas responder desse modo a uma pergunta tão ampla é apresentar uma visão diminuta do que realmente fazem. Todos estão a serviço da vida com as próprias ocupações e isso é muito valioso.

Um dentista serve à vida ao cuidar da saúde bucal das pessoas, levando bem-estar a tanta gente. Um vendedor ajuda as pessoas ao indicar as melhores peças para o seu corpo e estilo, proporcionando leveza e alegria também. Já o empresário, independentemente do tipo de negócio que tem, sempre pode oferecer bons produtos e serviços, melhorando a existência de quem quer que seja. O coletor, a meu ver, realiza um trabalho essencial para a humanidade. Ou você se imagina morando em uma cidade tomada pelo lixo? Impossível, certo?

Lembro-me bem de uma greve dos lixeiros no fim da década de 1980, em Porto Alegre, cidade em que morava na época. Foram dias terríveis. A Rua dos Andradas, também conhecida como Rua da Praia, no centro da capital gaúcha, ficou lotada de sacos de lixo. O que se viu foi uma infestação de ratos e baratas que ali encontraram alimentação farta. Um cenário perfeito para a propagação de doenças. Então me diga: o que um coletor faz mesmo? Como ele serve à vida? Para mim, eles preservam a saúde da humanidade.

As 9 leis inegociáveis da vida

Faz toda a diferença o modo como definimos o nosso trabalho. São jeitos de dizer, são muitas as possibilidades. Apenas pense que o sentimento, a sensação, a percepção, a forma de olhar para a nossa profissão ou ocupação fazem toda a diferença na maneira como nos sentimos diante da vida.

Alguém que sai de casa todos os dias para trabalhar com a percepção de que está indo preservar a saúde da humanidade vai se preocupar em ser reconhecido? Provavelmente não, ele mesmo já se reconheceu. Você acha que assim ele vai trabalhar mais ou menos motivado? Certamente mais motivado, o que vai lhe fazer produzir muito mais e, portanto, ganhar mais dinheiro. O fluxo da vida é assim.

SORRIA!

Ainda sobre a figura do coletor, quem não se lembra do gari Sorriso,[38] símbolo do Carnaval do Rio de Janeiro? O apelido de Renato Luiz Feliciano Lourenço não foi dado à toa. Funcionário da Companhia Municipal de Limpeza Urbana da capital carioca, encantou pessoas de toda a parte apenas por estar feliz realizando o seu trabalho, sambando enquanto varria o chão da Marquês de Sapucaí após os desfiles das escolas de samba. Uma injeção de alegria para todos, um personagem fundamental da folia na Cidade Maravilhosa.

Após a sua aparição, digamos assim, ele participou e ainda participa de programas de TV, dá entrevistas para jornais e

---

[38] GREGÓRIO, L. Renato Sorriso rouba a cena em mais um Carnaval no Rio de Janeiro. **Revista Quem**, 22 fev. 2020. Disponível em: https://revistaquem.globo.com/Carnaval/noticia/2020/02/renato-sorriso-rouba-cena-em-mais-um-carnaval-no-rio-de-janeiro.html. Acesso em: 1 abr. 2021.

Vida é servidão. Da vida, somos servos.

revistas, ganhou dinheiro extra fazendo propaganda. Consegue perceber a diferença que faz ter consciência do valor de seu trabalho? Sorriso é um servidor da vida.

O primeiro passo para que alcance o seu propósito de vida é dar o seu melhor, independentemente do que esteja fazendo hoje.

Nessa linha, uma companhia XYZ, cliente do Grupo Scalco, tem uma das missões mais belas que já vi, atuando com o desejo de contribuir para o bem-estar e o desenvolvimento das pessoas. E sabe o que eles fazem? Estão no segmento da indústria de transportes.

Anos atrás, em uma convenção da empresa, um colaborador levantou a mão, pediu a palavra e se dirigiu a um diretor da empresa:

— Chefe, o senhor pode mandar fazer umas bandeiras para nós?

— Que bandeira, Zeca? — Ele chamou pelo apelido do funcionário.

— Ah, umas bandeiras da nossa empresa. Eu estava lá em Brumadinho, naqueles fundões de campo, e, quando terminamos aquela rede, me deu uma vontade de fincar uma bandeira e gritar bem alto, para o mundo inteiro ouvir: "Que venha o desenvolvimento, a XYZ passou por aqui!".

Até hoje fico comovido ao me lembrar desse relato. O colaborador em questão nem devia ganhar muito na época, mas tinha o sentimento genuíno de estar contribuindo para a evolução da humanidade, mesmo realizando um trabalho muito pesado na construção das redes de transporte, na zona rural dos municípios. Ele sabia que os lugares pelos quais tinha passado nunca mais seriam os mesmos, era um mérito do trabalho dele.

Se você é vendedor de uma loja de roupas e o seu filho de 5 anos pede todos os dias que fique em casa com ele, explique que você não pode, que precisa ir para o trabalho ajudar as pessoas a escolherem a roupa que melhor serve nelas: "*Looks* que as deixem ainda mais bonitas, felizes e confiantes. Por meio da minha atividade profissional, muitos homens e mulheres têm mais alegria de viver. A mamãe ama fazer isso, filho, fica com o coração cheio de orgulho, sente-se trabalhando, servindo à vida e cuidando das pessoas. Ser vendedora é a minha grande brincadeira. Assim como você precisa brincar, a mamãe precisa trabalhar, mas logo volta".

Muitas vezes estamos com a autoestima baixa por estarmos passando marca-texto nas dificuldades da vida.

É possível que ele chore do mesmo jeito, mas você educará seu filho para a vida, mudando a visão dele sobre trabalho para sempre.

UMA ÚNICA PALAVRA

Sei o que me faz feliz, amo o meu trabalho e não tenho dúvidas disso. Mesmo assim, muitas vezes foi difícil para mim. Vejo as fotos das palestras que já fiz e lembro-me dos momentos mais complicados. Sou humano e comum, tenho os meus dias de tristeza, medo, angústia, preguiça. Um belo dia, descobri um jeito de lidar com isso. Basta lembrar-me que há vinte, cinquenta, cem, mil e quinhentas pessoas me esperando, querendo ouvir o que eu tenho para dizer. E que, de repente, uma única palavra minha pode tocar o coração de um desses homens ou mulheres. Pode ser uma história, uma metáfora, uma reflexão. Se isso acontecer com uma única pessoa da plateia, já estarei realizado.

Desse modo, quando estava triste ou sem vontade de me apresentar em público, pensava nisso: *Uma pessoa, uma só pessoa motivada por uma única palavra minha*. Depois ia lá e olhava no olho de cada um entre os que estavam me assistindo. É incrível como, a partir deste pensamento, somem as preocupações em saber se as pessoas estão ganhando algo com o que eu estou dizendo; se aquele evento vai ser rentável financeiramente, isto perde a importância. Eu me sentia apenas livre, inteiro, presente, servindo a vida.

Desse jeito fui avançando no meu trabalho como palestrante, atraindo cada vez mais público. Antes de subir no palco, penso no meu pai, na minha mãe, foi por meio deles que a vida se fez em mim. Deles e do amor profundo que vem de Deus. E então repito: uma pessoa. Apenas uma pessoa...

A consciência deste propósito, desta amorosidade, me faz acordar às 5h da manhã e me colocar a serviço da vida. Me sinto totalmente preenchido, com o coração repleto de bons sentimentos. Desse modo, tenho força para liderar a minha empresa, cuidar de mim, da minha esposa e dos meus filhos. Para enfrentar os momentos mais duros fazendo os movimentos que precisam ser feitos.

Vida é servidão. Da vida, somos servos.

Espero que você se dê conta da grandiosidade da sua profissão, seja ela qual for. Que você compreenda que, mesmo sem ter contato direto com os clientes, o seu trabalho faz toda a diferença na empresa em que trabalha.

Um agente funerário, por exemplo, está totalmente a serviço da vida no sentido de que ajuda as famílias em um momento tão duro quanto a partida de um ente querido. Naquela hora em que ninguém tem cabeça para nada, é ele quem agiliza os processos, quem organiza uma parte importante dos rituais de despedida. É uma ocupação nobre, fundamental.

Você está a serviço da vida, sinta-se desse modo e entregue todo o seu amor ao mundo por intermédio da sua profissão. E aqui vai uma ótima notícia: quando nos sentimos assim,

LV9: Vida é Servidão

naturalmente ganhamos mais dinheiro. Isso acontece justamente quando ele passa a ter menos importância para você: seu trabalho o preenche tanto que isso basta. Aproveite a sua conta bancária recheada, desfrute, coloque-se ainda mais a serviço da vida. Assim, você vai servir mais e mais pessoas. Como a Vida é Semeadura, vai te devolver, devolver e devolver em dobro todo esse amor.

Seja feliz por nada. Você merece!

Nem os dias mais sombrios, nem meus maiores medos, nem as mais lancinantes dores me impedirão de seguir guiando pessoas a uma vida mais leve, realizadora e verdadeiramente extraordinária!

EXERCÍCIO

Mantenha presente a imagem de como você serve à vida na sua profissão, na sua família, nas suas relações de amizade ou comerciais. Lembre-se sempre de que você não faz tarefas, você serve à vida por intermédio delas. Coloque-se a serviço da vida o dia inteiro, por exemplo: "Vou fornecer uma informação para um amigo, vou servir à vida". Enfim, pense que todo dia é dia de servir à vida, vá em busca disso.

capítulo 13
VIDA EM MOVIMENTO

Para colocar a vida em movimento, para viver as Leis da Vida de fato, é preciso agir. De nada adianta terminar de ler este livro e deixá-lo parado na estante, como se nada tivesse acontecido. Mexa-se, saia do ponto em que você está. Para a frente é que se anda – diz outro dito popular muito sábio.

Quer saber como se colocar em ação, o que fazer para praticar as Leis da Vida? Além das reflexões e propostas que foram apresentadas da primeira página até aqui, são necessários sete movimentos. Os quatro primeiros você já conheceu no Capítulo 4, lembra?

As 9 leis inegociáveis da vida

Tudo bem se não estiver com eles bem vivos na memória, antes de apresentar os três restantes, vamos repassá-los rapidamente aqui.

Viva! Sinta o que vier.

Você já entendeu o meu convite a você neste livro: sonhar e realizar, fazer acontecer o seu projeto, a sua vontade. Para colocar todos esses conhecimentos em prática, vamos relembrar aqui os quatro primeiros movimentos:

1. **Liderança responsável** – Você é o líder da sua vida, o responsável por tomar as rédeas da sua existência e da sua evolução;
2. **Poder ilimitado** – Você pode muito mais. Estenda o seu limite;
3. **Seleção de craques** – Ao lado dos campeões, você é um deles também. Procure estar perto de quem pode ajudar você a crescer, a avançar, não se deixando levar por aqueles que não estão no mesmo momento de aprendizado que você;
4. **Educação continuada** – É o movimento que diz para que nos comprometamos com aquilo que entendemos. É fundamental entender-se cada vez mais e buscar o autoconhecimento.

Os movimentos seguintes também são valiosos, foram organizados para ajudar você a mudar de verdade, a se entregar às Leis da Vida. Vamos refletir sobre eles nas próximas linhas.

5º MOVIMENTO: NATURALMENTE COMPETITIVO

Se partimos em busca da ação, podemos competir com os outros ou com nós mesmos, estabelecendo metas para obter resultados excelentes. E aqui vai uma dica: ao competir com você mesmo, anuncie isso para o mundo. Por exemplo, caso queira perder peso, diga "estou com 78 quilos e, em seis meses, vou estar com 70".

A competição requer que anunciemos e declaremos nossos planos. Isso mexe com todo o nosso sistema, fazendo com que nos dediquemos ao objetivo para alcançá-lo, pois não gostamos de passar vergonha. Utilize esse instinto a seu favor e monitore as suas ações para corrigir o que for necessário. Você será, no fim das contas, o seu maior incentivador. Será um processo muito bem estruturado especialmente porque vai partir de você.

Ao longo do tempo, aprendi que, quando estamos em uma competição, ativamos uma parte em nós que é visceral, nuclear, animal, uma força inenarrável. Se estamos em uma competição, viramos animais. As vitórias despertam em nós um poder enorme, sobre-humano, eu diria. Use tudo isso a seu favor, não se perca dessa essência. Nós lutamos por muitas coisas, como por território. É uma questão de sobrevivência. Não vivemos na selva, mas o DNA da sobrevivência está aqui, somos capazes de tudo. Use essa força com sabedoria e desperte o seu melhor potencial.

Não se esqueça: as pessoas fazem a diferença no mundo, em tudo. Dou muitas palestras para empresas, e sempre pergunto aos participantes em que loja eles prefeririam fazer compras. Em um estabelecimento bonito e novo – mas cheio de funcionários chatos no atendimento – ou em um antigo, nem tão apresentável assim – mas com os profissionais mais gentis à disposição dos clientes. Em mais de vinte anos de carreira, ninguém nunca me disse que preferia a loja linda dos atendentes chatos. Por isso mesmo não entendo por que as companhias, na minha opinião, ainda investem tão pouco nas pessoas. Invista em você.

Continue, simplesmente, dando o seu melhor.

Continue, simplesmente, dando o seu melhor.

6º MOVIMENTO: MARCAÇÃO CERRADA

Outra reflexão importante que quero compartilhar com você é: "monitore para executar, meça para corrigir". Nem sempre possuímos força o suficiente para seguir sem a marcação cerrada, sem sermos vigiados. Se quisermos executar algo como estudos, reeducação alimentar e ganhos financeiros, precisamos monitorar nossas propostas, objetivos e metas.

Um exemplo prático disso pode ser observado quando alguém diminui a velocidade do carro ao passar por um radar. Isso acontece porque tem alguém monitorando. Pessoas que "assaltam" a geladeira à noite o fazem porque durante o dia sempre tem alguém por perto. Além de monitorarmos a nós mesmos, precisamos medir nosso desempenho para fazer as correções necessárias. É importante a sensação de que alguém está de olho no que possamos estar fazendo de errado.

Invente o seu método, mas avalie, meça e quantifique aquilo que você quer que aconteça. Tire fotos, faça vídeos, procure métricas, relatórios e garanta que aquela meta será acompanhada.

Use o medo a seu favor, cuidando-se.

Uma dica: ao desejar fazer um exercício, faça um painel grande e marque os dias em que vai caminhar. Se cumprir o combinado, faça um "X" verde. Se não cumprir, um "O" vermelho. Mas faça isso para que todos possam ver, para que você possa ver. Assim, você vai estar se monitorando, acompanhando o próprio desempenho. Ao ver que não está indo bem, sentirá desconforto.

7º MOVIMENTO: RECONHECIMENTO E DESCONFORTO

O ser humano age tão somente pela dor ou pelo prazer. Tudo o que realizamos na vida é para evitar ou diminuir a dor, obter ou aumentar o prazer. Para obter mais da vida, precisamos gerar nossos próprios mecanismos de desconforto e reconhecimento.

No treinamento Leis da Vida, trabalhamos com um texto que diz: "se não faço, em paz, desconforto-me". Pense que, ao combinar de fazer alguma coisa consigo mesmo, em paz, sem se culpar ou se machucar, você cria um mecanismo de desconforto, mas é capaz de lidar bem com ele. Ou você acha que alguém usaria cinto de segurança se não houvesse multa de trânsito para quem não se protege? Aprendi, ao longo do tempo, que é exatamente assim que a gente funciona.

Se não faço, em paz, desconforto-me.

Um exemplo: estudo inglês em um aplicativo. Quando conheci o sistema, interessei-me muito e já queria comprar mais recursos para ter acesso ao restante do conteúdo. Fiquei empolgado e pensei em estudar nos Estados Unidos, queria comprar novas soluções. Então criei para mim mesmo um mecanismo de desconforto: primeiro vou concluir o conteúdo gratuito do aplicativo. Foi o que fiz. Antes de realizar a compra, de pagar por novos recursos, precisei passar pelo desconforto de zerar a parte gratuita oferecida. Depois, me permiti fazer a assinatura do aplicativo e passei um tempo estudando inglês na terra do Mickey. Enquanto não ganhava o que queria – zerar a parte gratuita do sistema –, sentia-me desconfortável.

Vida em movimento

Quando superei essa etapa, reconheci e celebrei o feito. No fim, deu tudo certo.

Sinta seu corpo, pois ele é um radar poderoso que se conecta à sabedoria.

Aqui deixo mais uma dica: estabeleça um objetivo bem prático, como ler um livro, meditar todos os dias, correr duas vezes por semana, beber dois litros de água de domingo a domingo e assim por diante. Qualquer coisa que você queira que vire um hábito na sua vida, uma conquista. Faça painéis destacando o seu objetivo e espalhe pela casa. A cada vez que cumprir ou não os combinados consigo mesmo, sinalize isso nesses locais. Pode até parecer um gesto banal, mas vai fazer toda a diferença no seu processo. Não desista!

Onde tem contraste, tem transformação.

Lembre-se de ser o líder da sua vida, o responsável pelas próprias escolhas, arcando com as consequências disso. Não duvide do seu poder ilimitado: você pode experimentá-lo, ele está ao seu alcance. Tome a decisão fundamental de selecionar os craques da sua vida. Um craque viabiliza o crescimento do outro. Invista no seu desenvolvimento técnico, psicoemocional e espiritual: seja um trem-bala nos trilhos. Coloque em prática a marcação cerrada para concretizar aquilo que deseja intensamente, sabendo corrigir o que for necessário. Para obter mais da vida, gere os próprios mecanismos de desconforto e reconhecimento. Estamos falando de estratégia e execução. Não deixe para pensar nisso somente quando tudo estiver difícil. Não espere o inverno da sua vida ser rigoroso para fazer alguma coisa.

Cuide bem de você mesmo e não abra mão do seu crescimento, da sua evolução pessoal.

Fazer o movimento que precisa ser feito é vitamina para a alma.

Entenda que executar os sete movimentos pode levar você além – levá-lo para o mais. Já vi isso acontecer com muita gente. A seguir, compartilho as histórias de duas mulheres que, ao partir para a ação, mudaram as próprias vidas.

COMO UM LAGO

Os pais de Caroline – minha aluna no treinamento das Leis da Vida – separaram-se inesperadamente quando ela tinha 18 anos. Isso porque ela viu o pai passeando com outra mulher na rua e contou tudo para a mãe. Depois do ocorrido, ele foi embora de casa sem se despedir e, segundo ela me contou, "levando apenas a roupa do corpo".

E mesmo tendo mantido contato com o seu pai e recebendo atenção e apoio dele, inclusive financeiro, eles nunca tocaram ou falaram sobre o assunto. Com o choque, ela buscou refúgio no namoro e, em suas palavras, usou o "disfarce da felicidade", colocando "a máscara de forte" no rosto por não querer preocupar ninguém. Para resumir, não viveu o luto da partida do pai, a quem tanto amava. Criticou apenas as atitudes dele, tomando as dores da mãe. Com isso, passou anos se sentindo triste, com o peito apertado, sem entender o que havia de errado com ela. Até a saudade da casa em que tinha morado com os pais ela tentou reprimir – a casa que era o ponto de encontro da família, a sede dos churrascos e das festas dos parentes e amigos. O lar de onde tentou fugir também, ficando mais tempo no endereço do namorado. E assim ela ficou até decidir fazer algo por si mesma: realizar o movimento de se inscrever no Leis da Vida. Somente depois disso ela conseguiu se conectar à dor que não sentiu na hora em que todas aquelas perdas aconteceram. Ao lidar com elas, ao entender que Vida É, ela finalmente se libertou.

Fiquei muito feliz quando ela me disse, depois do treinamento, que a sua mente – sempre tão acelerada – foi ficando mais calma dia após dia. Nas palavras dela, "calma como um lago de águas paradas". Agora, Caroline vive atenta a tudo, observa os seus sentimentos e tem respeito por eles. Entendeu de onde vinha aquele sofrimento todo e diz que sente aquela "camada grossa de tristeza" do passado se quebrar. Segundo ela, a evolução envolve "viver uma vida leve e plena". Tenho certeza de que ela vai conseguir encontrar a paz e o equilíbrio que procura. Quem procura, acha – diz outro ditado popular valioso.

Eu me sinto realizado quando recebo esses retornos. Um dia desses, recebi uma mensagem de Beatriz – uma professora aposentada. Em seu texto, ela me contou que ficou apavorada com a chegada da aposentadoria, sentiu-se vazia e sem rumo. Havia trabalhado por 33 anos sem muito descanso.

Mesmo sem muita fé, fez o movimento de assistir a uma palestra minha. Afinal, quem sabe algum conforto ela encontraria ali. Quis pagar para ver e me disse que saiu do evento me achando um tanto chato, mas dizendo que eu havia falado "verdades que todo mundo precisa ouvir" naquela noite.

Resultado: fez dois treinamentos comigo na sequência, o Tai e o Leis da Vida. Se antes estava se sentindo fraca e inativa, despertou de um jeito que nunca imaginou ser possível. Começou a cursar Psicologia e a nossa formação de Treinadores Leis da Vida, – veja que reviravolta –, mergulhou no autoconhecimento e tomou tanto gosto que agora se prepara para ser mentora.

Acredito no sucesso da Beatriz e também no seu.

capítulo 14

A SIMPLICIDADE NO VIVER É O CAMINHO PARA A FELICIDADE

Pode parecer difícil e complicado, eu sei. Estamos chegando na reta final deste livro. Foram muitas informações novas e, principalmente, reflexões capazes de nos virar do avesso. Eu entendo, só quero que você saiba que as Leis da Vida são simples e perfeitamente executáveis, fáceis de colocar em prática.

Você já passou por desafios muito maiores do que se alinhar a elas e deu conta, já experimentou a dor de desrespeitar as Leis da Vida. Agora, chegou a hora de experimentar a dor de

As 9 leis inegociáveis da vida

se alinhar a elas. Essa dor o levará para o mais, para a luz, para o poder, para a vitória e para a plenitude.

Eva Pierrakos nos ensinou, você vai se surpreender quando descobrir que aquilo que é de verdade é muito mais bonito do que isso que vem tentando ser. Além do mais, não se esqueça: Vida É!

Vida É!

Pode apostar que o peso vai virar leveza; a dor, prazer; o medo, coragem; a raiva, paz. Você se tornará o amor profundo. Tem muita gente que acredita em você e no seu talento, que precisa da sua força. Coloque-se a serviço da vida, convido você a fazer o seu melhor.

Escrevi este livro para que você refletisse sobre tudo isso e se sentisse motivado a mudar de vida. Agora, quero falar um pouco mais a respeito da minha história nas próximas linhas. Vou abrir o peito, afinal o meu objetivo é fazer com que você repasse a sua trajetória também. Perceba que, se já passou por tantas dificuldades e seguiu adiante, é capaz de fazer muito mais.

Não estabeleça limites para a sua evolução pessoal, permita-se. Renda-se às Leis da Vida, esteja aberto. Semeie para colher depois. Olhe-se por inteiro, com verdade, concordância e generosidade. Descubra quem, de fato, você é.

Nesse contexto, pergunte-se também: quem sou eu? O que acontece comigo que me faz ser tão ousado? O que acontece comigo que me faz ser tão tímido? Quais conteúdos psicoemocionais existem em mim que me fazem ser tão agressivo com quem mais amo? O que me faz não permitir, muitas vezes, que as pessoas me amem e cuidem de mim?

Enquanto não conheço quem sou de verdade, termino sendo guiado, direcionado e monitorado por uma mente que mente. Não sou a minha mente, mas permito que ela me conduza se não estiver atento. Já sei que ela não quer que eu tenha um vidão de verdade, apenas deseja que eu não morra. Se eu não morrer, ela já está confortável.

A simplicidade no viver é o caminho para a felicidade

MEIO ESTRANHO

Desde pequeno, eu já era meio estranho. Não via a realidade como as outras pessoas, não tinha a mesma percepção do que era certo ou errado que a maioria das outras crianças tinha. Eu era o diferente que gostava de dançar – o extravagante da história. Os outros meninos, claro, tiravam muito sarro de mim. Para completar, ainda tinha um problema de dicção que afetava a minha fala.

Eu era um menino amoroso, carinhoso e que começou a trabalhar aos 10 anos porque quis, porque pediu isso ao pai e à mãe. Hoje sei que segui por esse caminho por trazer comigo um profundo senso de inadequação, ativado ainda mais pelas gozações feitas pelos meus amigos. Isso, meu querido leitor, foi me deixando com a sensação de que eu não tinha valor, de que eu não tinha força e não era capaz. Eu não achava que era bom, merecedor, digno de ser amado. Era essa a visão que tinha de mim mesmo na infância.

Por não gostar de ocupar essa posição, tratei de ser um aluno de notas muito boas no ensino médio – no fundamental fui um horror – e de desempenho estupendo mais adiante, em minha segunda faculdade, Direito. Na pós-graduação em Marketing, posso dizer que fui fora do comum. Não à toa, aos 23 anos já era independente financeiramente dos meus pais. Para alguém que se achava o patinho feio, fraco e incapaz, era muito bom ganhar bem, usar ternos bem cortados.

O tempo passou e eu, que havia saído da minha cidade, voltei para São Borja, onde me estabeleci como consultor de empresas. Era admirado por muita gente, tinha credibilidade. Achava tudo aquilo lindo. Tinha orgulho de ter saído da condição de esquisito para a de homem trabalhador, honesto e que ajudava a promover o amadurecimento de tantas pessoas.

MEU PAI E MINHA MÃE

Há muitos anos, faço terapia, treinamentos e meditação. A cada dia vou mais fundo no autoconhecimento, no entendimento de como funciona o meu sistema biopsicoemocioespiritual. Vou conhecendo mais e mais os meus medos, as minhas angústias, tristezas, coragens, forças e quem eu sou de verdade.

Um dia, convidei meu pai e minha mãe para o encerramento de um dos nossos treinamentos. Uma cerimônia singela, uma formatura. Pedi que fizessem discursos. Meu pai falou muito bem, impostando a voz e articulando as palavras. Ele gesticula, põe emoção em cada frase. Depois veio a minha mãe, outro sucesso. Ela tem um vocabulário vastíssimo, acerta todas as concordâncias, é uma pessoa muito culta. No fim, todos os alunos correram para abraçar os dois, para parabenizá-los. Depois, quando se dirigiam a mim, diziam ter descoberto por que eu era do jeito que era, de onde vinha tanta inteligência e capacidade de comunicação.

Admiro muito, sempre admirei e vou admirar o meu pai e a minha mãe. Naquele dia já pensava assim, mas experimentei um certo desconforto diante do brilho deles naquela ocasião. Hoje sei claramente o que aconteceu: não queria que as pessoas dissessem aquilo, que sou o que sou por causa deles. Depois de ter feito duas faculdades, uma pós-graduação, trabalhado em banco e sido consultor aos 25 anos, ter planejado tantos treinamentos e empreendido toda uma carreira, como assim eu sou como sou por causa do meu pai e da minha mãe?

Não era o Marcel que pensava assim, não era o meu coração nem a minha alma. Não era o meu amor profundo, mas a minha mente, aquela que mentiu a vida inteira dizendo que eu era o que era por ter estudado muito – me dedicado muito. Fiquei triste comigo e me dei conta de que o autoconhecimento é a verdadeira

A simplicidade no viver é o caminho para a felicidade

fortuna: só enxerguei a verdade naquele momento por estar absolutamente presente e consciente. Embora admirasse os meus pais, o meu ego me impedia de ser profundamente grato a eles, honrá-los com cada célula do meu corpo.

Aquele processo espontâneo de expansão da consciência me trouxe memórias importantes que me ajudaram a entender melhor quem sou. Sim, eu estudei muito, trabalhei com todo o empenho. Mas quem trouxe os livros da faculdade na qual dava aula semana após semana para que eu pudesse me aprofundar nos assuntos foi a minha mãe. Nas noites de insônia, me distraía explorando a biblioteca enorme que ela e o meu pai haviam organizado para a família. Aos domingos, os dois pegavam os filhos e saíam para comprar livros e revistas. E isso não foi tudo: mesmo sob condições econômicas muito escassas, eles pagaram pelas minhas duas faculdades e pela minha pós. Naquele momento, dei-me conta de que a confiança que as pessoas têm em mim foi despertada primeiro por eles, que me ensinaram a ser confiável.

Quem sou eu? O resultado do que aquele homem e aquela mulher, Lael e Maria Izabel, me entregaram. Até aquele instante, não tinha conseguido receber todo o amor deles, o amor que puderam me entregar.

E agora eu falo com você cujo pai sumiu no mundo ou que não teve uma mãe amorosa. Cujo pai era um narcisista e a mãe era alcoólatra, que não teve permissão para estudar ou não recebeu apoio de qualquer ordem em casa. Saiba que o que vai fazer com que nós sintamos o amor profundo e, a partir disso, cresçamos na vida não é o que nossos pais fizeram, mas como nós olhamos para o que eles fizeram. Reconheço que alguns de nós tiveram pais que entregaram bem pouquinho, mas esse pouquinho era tudo o que tinham.

As 9 leis inegociáveis da vida

EM PAZ

Essa percepção que tive a respeito dos meus pais me fez ser mais feliz, realizado, a estar mais em paz comigo. A melhor parte é que há sempre mais autoconhecimento a nossa disposição, mais ciclos a serem concluídos. Sempre posso descobrir algo dentro de mim que me afasta do poder maior.

Amo o autodesenvolvimento e pensava que isso tinha nascido comigo. Não faz muito tempo, conversando com os meus pais, lembrei-me de que quando tinha 10 anos fui levado por eles para um curso chamado Método Silva de Controle Mental. Depois dos 70 anos, minha mãe fez mestrado e escreveu quatro livros. Ela e o meu pai, também depois dos 70, foram de São Borja para Santos, no litoral paulista, só para acompanhar um ciclo de palestras. Em 2012, foram comigo para São Paulo aprender com Bert Hellinger a buscar o equilíbrio nas relações familiares. E isso não é tudo: eles já fizeram os mais variados treinamentos, como cursos de dinâmicas de grupos e meditação transcendental – mesmo com a idade avançada. Os dois fizeram o Tai, que coordeno e considero o treinamento de maior impacto biopsicoemocioespiritual do Brasil, exigindo muito dos participantes.

Eu sou o meu pai e a minha mãe. E você, sabe quem é? Exatamente isso, você é o seu pai e a sua mãe. Tudo o que você tem de virtuoso e de desalinhado com o que julgamos ser o melhor vem dele e dela.

E não venha me dizer que aquele homem que não lhe deu carinho ou aquela mulher que lhe batia não presta. Agora eu digo a você: acha que esse nariz veio de onde? E o seu cabelo? A sua altura? E as suas manias?

Saiba que eu entendo você, também já tentei ser melhor do que o meu pai e a minha mãe, me desprender do que julgava

Você é o seu pai e a sua mãe.

não ser bom neles. Já prometi ser diferente em muitos pontos. E sabe o que acontece?

Você é o seu pai e a sua mãe.

Estamos conectados com o homem e a mulher que nos deram a vida por laços muito profundos, inconscientes, imperceptíveis. Por amor, terminamos repetindo muito do que eles fizeram. Você tem hábitos que herdou deles, até aqueles que você mais repudia. Se existe um pingo de consciência e verdade aí dentro, você sabe que os repete. Já conversamos sobre isso neste livro, lembra? Os conceitos de constelação familiar nos trazem essa noção.

Um dia lutei para não ser obeso como o meu pai e obeso me tornei. Não queria ser bravo como a minha mãe e, por muitos anos, fui muito bravo com a Fabiana e com as crianças. Só quando aprendi a respeitar o Vida é Concordância, quando concordei com tudo o que meu pai e minha mãe são, fui capaz de aceitar quem eu sou. Saiba que ninguém consegue ter autoestima elevada se não disser um sim absoluto para os pais.

Ter descoberto isso mudou a minha vida. Eu sou o meu pai, amo café como ele, sou preguiçoso para as tarefas domésticas como ele, empreendedor como ele, preocupado com os meus colaboradores como ele sempre foi com os dele. Sou teimoso, esquecido, adoro o mundo dos negócios, igualzinho ao seu Lael.

Sou estudioso como a minha mãe, perfeccionista como ela, detesto que estraguem as coisas dentro de casa, sou exigente com os outros e comigo mesmo, exatamente como a dona Maria Izabel.

Somente quando consegui olhar para todos os defeitos deles e dizer "Tudo bem, estou de acordo com tudo", dei-me conta da amplitude daquilo que eles tinham me dado. E isso me fez muito bem, me faz muito bem todos os dias.

Reforço essa reflexão nesta etapa da nossa jornada juntos para que entenda, de uma vez por todas, que precisa fazer o

A simplicidade no viver é o caminho para a felicidade

movimento de concordar com a vida, de entender de onde vem, de estar aberto, com generosidade, a tudo o que recebeu do seu pai e da sua mãe. Esse é um ponto de partida importante, por isso fiz questão de falar mais sobre a minha experiência pessoal para você.

Quero que veja que os seus pais são humanos e comuns, o que não quer dizer que você vá repetir os erros deles, os comportamentos disfuncionais que eventualmente eles tenham tido. Nem mesmo as doenças você precisa repetir, claro. O ponto é que toda a libertação parte daí, dessa consciência.

Olhe para a verdade, você já sabe que Vida é Verdade. Lide com isso, evolua.

Com muita honra, respeito e gratidão, você pode pedir permissão para ser visto com carinho mesmo se for um pouco diferente dos seus pais. Não é preciso conversar com ninguém sobre isso: peça em silêncio, no seu coração, em um diálogo profundo com você mesmo. E, claro, alegre-se com as heranças que o levam para o mais. Com amor, reconheça tudo o que recebeu.

Não queira ser melhor do que o homem e a mulher que lhe deram a vida. Você não sabe da dor deles, não tem a dimensão da tristeza que eles sentiram um dia, muito menos do que os levou a se comportarem como eles se comportaram. Deixe isso tudo com eles e agradeça pelo que conseguiram lhe proporcionar. Você tem informação e subsídios para lidar com a sua dor, muito provavelmente o seu pai e a sua mãe nunca foram educados para sentir os sentimentos ou respeitar as Leis da Vida.

Como bem diz o título deste capítulo: a simplicidade no viver é o caminho para a felicidade. Você pode tudo o que quiser, permita-se, acredite. No fundo, é muito simples. Assuma que você é o seu pai e a sua mãe para, diante disso, escrever a mais linda história que puder.

E isso envolve, veja você, tornar-se fã de si mesmo.

SEJA O SEU MAIOR FÃ

Já adianto, retomando o nosso diálogo das páginas anteriores, que é impossível ser o próprio fã sem o amor incondicional aos seus pais. Filho de peixe, já diz o ditado popular, peixinho é. Você pode até se achar diferente, acreditar nisso, mas, preciso dizer: não é.

Na minha caminhada, aprendi que a nossa opinião não é nada diante da realidade, diante das Leis da Vida. Inegavelmente, somos os nossos pais. Em cada célula do nosso corpo, somos metade pai, metade mãe. Não se iluda: não somos filhos do vento com coisa nenhuma. Sangue não é água, nós somos os nossos pais.

Atenção: neste momento a sua mente deve estar tentando lhe contar uma história, aquela que você criou para tentar se proteger da verdade e da dor. Foi essa história que trouxe você até aqui, que o levou a viver a vida que você está vivendo. Reflita: somos uma alma, fomos feitos à imagem e semelhança de Deus. Se Deus é amor, nós somos amor, amamos o nosso pai e a nossa mãe. Ocorre que a nossa mente, muitas vezes, não concorda com eles, não os aceita do jeito que são.

Quando somos crianças, temos um encantamento por nossos pais. Somos verdadeiros admiradores deles. Mesmo que seu pai ou sua mãe tenham ido embora, se ninguém tiver colocado ideias na sua cabeça, você seguirá apaixonado e querendo ter quem partiu por perto. Meninos e meninas só querem ter o pai e a mãe por perto.

E não importa que digam que a sua mãe é nariguda ou que seu pai é cabeçudo, você sempre vai dizer que eles são lindos. É apenas amor. Contudo, vamos crescendo e incluindo o certo e o errado, o bonito e o feio, o justo e o injusto, o adequado e o inadequado ao nosso repertório. A nossa mente, cuja natureza é julgar,

A simplicidade no viver é o caminho para a felicidade

começa a julgar o papai e a mamãe. Surgem, então, as críticas, exigências, acusações, começamos a discordar de seus destinos e de suas escolhas. Tudo isso vai fazendo com que deixemos de ser seus fãs. Assim, acabamos por nos afastar de nós mesmos.

Inconscientes, seguimos culpando a tudo e a todos. E assim foi até o dia em que comecei a reconstruir, dentro do meu coração, o estado de fã de meus pais. Um processo lento, construído ao longo do caminho sem fim do autoconhecimento que decidi trilhar. Finalmente pude entender e perceber o que é ser um fã.

Mas e então, o que é mesmo ser fã? Para mim é ver toda a verdade e, mesmo assim, não a negar, mas ter atenção ao que realmente importa. Admiradores de verdade de alguma personalidade não ficam dando conselhos, recomendações, não reclamam, apenas guardam o que é bom.

Quer um bom exemplo? A apresentadora Xuxa não pode apresentar ao mundo a imagem de uma mulher de cabelos fartos, longos, pois isso ela não tem. Mas pode dar simpatia, carinho e afeto; expressava isso com as crianças. A Xuxa não pode abrir a boca e cantar como a Elis Regina, mas se entregava e era muito dedicada a tudo o que fazia. Seus fãs sabiam disso e se ocupavam única e exclusivamente daquilo que ela podia oferecer. Eles a olhavam profundamente, concordavam e recebiam o possível com gratidão.

Imagino que você agora esteja se perguntando: "Mas, Marcel, o que posso fazer para me sentir melhor diante disso, do fato de não conseguir ainda ser fã dos meus pais e de mim mesmo?". Bom, aqui vai uma ferramenta poderosa que chamo de "pincel marca-texto".

Para começar, penso que recebemos de Deus esse pincel. Como esses que a gente usa lendo textos e depois só nos faz enxergar as frases onde as marcas que ele deixou estão. Um dia peguei o marca-texto que Deus me deu, e atenção, mesmo admirando e amando o meu pai e a minha mãe, marquei tudo o que eles não fizeram para mim. Neste momento deixei de ser fã dos meus pais e de ser fã de mim mesmo. Por anos destaquei o fato de a minha mãe ser muito brava e exigente, de reclamar muito em todos os restaurantes, de ser muito zelosa com a casa a ponto de não nos deixar livres para brincar, de não ter me amamentado. Grifei o fato de que meus pais trabalhavam demais, de que meu pai, durante o *Jornal Nacional*, não conversava comigo e me xingava quando queria conversar com ele. Era profundo o nível de discordância interna com eles e comigo mesmo. O resultado? O que já compartilhei com você: doenças, dificuldades econômicas, problemas em meus relacionamentos.

Eu estava exatamente como um cisne que queria ser uma águia. Quase me transformei em um urubu. Descobri a duras penas que a vida, com suas leis, vai fazer de tudo para que você volte a ser cisne. Mas um cisne capaz de olhar para si e grifar as próprias virtudes. Se, para isso, você tiver que passar pelo fracasso e pela doença, assim será. Depois, você vai aprender a usar o seu marca-texto para iluminar aquilo que o seu pai e a sua mãe conseguiram lhe dar.

Eu era um filho que queria ser melhor do que o homem e a mulher que me deram a vida, mesmo sem ter sentido as dores deles, vivido a infância deles, tido os meus avós como pais. Tenha cuidado com isso: se você não passou por nada do que o seus pais passaram, não tem a alma, os traumas e as marcas deles.

Felizmente aprendi. Peguei um pincel marca-texto e comecei a lembrar e destacar as memórias cheias de gratidão que carregava em meu coração. Marquei o dia em que meu pai me chamou no banheiro e perguntou se eu estava passando os remédios em umas alergias que tinha. Disse que não e ele me

A simplicidade no viver é o caminho para a felicidade

mandou tirar a roupa, achei que ia me bater. Naquela hora, pegou um algodão, colocou o remédio, um líquido amarelo, e passou em cada ferida do meu corpo. Usei o mesmo grifo no dia em que minha mãe chegou com um ventilador de grades e base branca, bem pequeno, com hélices vermelhas, para mim. Usei o marca-texto nas vezes em que eu e meu pai brincamos de "lutinha". E ainda no dia em que fingi para minha mãe que estava doente e ela largou o trabalho para cuidar de mim. Em todas as vezes em que meu pai foi ao jogo comigo, no dia em que picou um pedacinho de carne e fomos pescar juntos. No dia em que minha mãe, vendo que eu não estava muito dedicado aos estudos, me deu uma chamada e eu passei a cuidar melhor disso.

Agora só passo pincel marca-texto naquilo que enche o meu coração. E o que o meu pai e a minha mãe não puderam ou não conseguiram me dar não fez falta, ou melhor, foi o suficiente para fazer de mim o homem que sou. E o que faltou, eu mesmo providencio, afinal, já sou bem grandinho.

Receba com gratidão tudo o que foi possível e corra atrás do resto. Veja a beleza, a amorosidade, neles e em você mesmo. Podemos ser humanos, comuns, imperfeitos e, ainda assim, olharmo-nos no espelho e sermos gratos por aquilo que vemos. Seja o seu maior fã, transforme a sua vida completamente.

Escreva a mais linda história que puder escrever.

capítulo 15
ESCOLHA VIVER UM VIDÃO DE VERDADE TODOS OS DIAS

A vida é feita de escolhas. Faça as suas. Depois de toda a jornada que percorremos juntos, se posso deixar uma reflexão, recomendo que transforme-se em uma pessoa que se permitiu ser pequeno diante do inevitável. Uma pessoa que reservou energia para se tornar grande na vida, grande para seus filhos, para o(a) seu(sua) companheiro(a), para sua carreira ou empresa.

Alguém que, ao respeitar as Leis da Vida, percebe-se sempre em movimento, em amadurecimento, em constante expansão.

Um homem ou uma mulher que deixou para trás a angústia, o desânimo e a inquietação, já que está presente por inteiro(a), de corpo e alma, em tudo o que faz.

Se está com os filhos, está com os filhos. Se está namorando, está namorando. Se está trabalhando, está trabalhando. Isso traz paz, leveza, bem-estar, contentamento, gratificação e gratidão.

Que você seja uma pessoa mais lúcida, consciente, que se tornou aquilo que realmente é, que deixou para trás os véus de inconsciência, as mentiras e as fantasias. Você agora escolhe viver uma vida de verdade, o vidão que merece viver. Nesse processo, você também reconhece que não está só, que foi determinado ou determinada por muitos e que também determina a vida de muitos.

Por um lado, deixa de se culpar pelo que não dá conta, mas se responsabiliza integralmente pelo que é da sua alçada. Você cresceu e amadureceu: não se sente vivendo na ilha da fantasia. Pelo contrário, vive no presente e sente tudo o que há para sentir, toda a dor, o medo, a tristeza e a raiva. Sente a vida em todas as células e só por isso é capaz de acessar o amor profundo. O amor, a coragem, a alegria e a determinação.

UM SIM ABSOLUTO

Ao dizer um sim absoluto para tudo o que foi, como foi e quando foi; a tudo que é, como é e quando é; a tudo que vai ser, como vai ser e quando vai ser, está liberto das expectativas que escravizam. Consegue, enfim, lidar com a vida como ela é, sem exigências descabidas e infundadas. Com os pés fincados no chão e os olhos no futuro, faz os movimentos que

Escolha viver um vidão de verdade todos os dias

precisam ser feitos, conclui todos os ciclos, deixa o passado para trás.

E isso não é tudo: você agora tem consciência do seu domínio na semeadura, faz sempre o seu melhor e tudo o que está ao seu alcance. Compreende que não tem controle absoluto sobre os resultados: você se rende à colheita.

Sempre que necessário, levanta a cabeça, sacode a poeira e começa tudo de novo. Confia no longo prazo. Aprendeu que se semear, semear, semear, semear e semear, a colheita virá, custe o que custar, leve o tempo que levar. Ao servir à vida, damos um sentido maior para nossas ações e assim encontramos a plenitude.

Foi assim que aconteceu comigo, foi esse o caminho que me trouxe até aqui e que me permite, agora, fazer esse convite a você. Entregue-se às Leis da Vida, não aceite menos do que está ao seu dispor.

Se escrevi este livro, se fizemos juntos todo esse percurso, foi porque, um dia, neguei o fato de que sou, na essência, o meu pai e a minha mãe. Porque já quis controlar a minha mulher e os rumos do meu casamento, assim como pensei que devesse fazer o mesmo com os meus filhos. Porque pensei ter os rumos da vida nas minhas mãos, porque fui desatento, porque não estive presente, porque não concordei. Paguei o preço pelas sementes que plantei, colhi tudo o que deveria ter colhido, tudo o que mereci. Entendo que foi tudo para o meu crescimento, para a minha evolução. Sou grato por tudo. Cada minuto de dor, de crise, de revolta e de raiva teve a sua razão de ser. Vida É, eu realmente aprendi que é. Saber disso é o suficiente para viver com plenitude e generosidade.

As 9 leis inegociáveis da vida

QUE SEJA LEVE

Você já sabe que, embora tenha vontade aqui e ali, já não precisa jogar tudo pelos ares. Entendeu que as coisas não precisam ser tão pesadas assim, que há modos de lidar com os problemas. Que o Universo se abre e se expande caso aceitemos o que está diante dos nossos olhos. A vida pode e deve ser leve e, ao mesmo tempo, cheia de significado.

Daqui por diante, coloque-se em movimento, viva na presença e na verdade, conecte-se a si mesmo e aos outros, aceite a dor e evolua com ela. Diante disso, concorde, conclua, feche todos os ciclos que precisar fechar. Cuide da sua semeadura e esteja a serviço da vida.

Na próxima vez em que se sentir triste e perdido, solto no mundo, volte para estas páginas e releia tudo o que reservei para você nestes últimos parágrafos de conversa. Que nossas reflexões não terminem por aqui. Espero, aliás, que você também se lembre de mim dizendo que abraçar as Leis da Vida é ingressar em uma viagem com início e meio, mas sem fim. Que graça teria, afinal, saber antes da hora como tudo vai terminar?

Em mais de vinte anos de carreira dedicados ao desenvolvimento pessoal, alimento-me do meu próprio crescimento e dos avanços que vejo acontecer na vida de tanta gente. De tantos homens e mulheres que, generosamente, me contam as próprias histórias de superação.

Pessoas como a Patrícia, uma arquiteta gaúcha que foi minha aluna em um dos treinamentos do Leis da Vida. Para começar, ela se inscreveu mais por curiosidade, para tentar entender por que tantos parentes próximos que já tinham feito o curso falavam dos conteúdos, destacavam os aprendizados que haviam ajudado a mudar as suas sagas. No fundo, ela não acreditava naquele alarde todo e se perguntava "que seita era aquela". Depois de sentir na pele o impacto de se render às leis, presenteou-me com o seguinte relato:

> Não acreditava que as mudanças viriam, muito menos que tudo aconteceria tão rápido. No meu caso, em menos de três meses. Sou arquiteta e trabalhava em um escritório que não era meu, arrastava-me em uma situação profissional que em nada me agradava, não estava feliz. Decidi me render às Leis da Vida, compreendi o real significado de tudo o que aprendi. Mudei de comportamento, passei a aceitar o que não aceitava antes. Virei o jogo! Em um mês, consegui vinte clientes e fui trabalhar por conta própria. Passei a dar aula em uma universidade em Porto Alegre, um sonho antigo finalmente realizado. Sempre soube que era excelente no que fazia, no meu trabalho, mas vivia infeliz, não sabia tirar proveito do meu talento, desconhecia a plenitude. Sem conhecer as Leis da Vida, não teria descoberto a melhor parte de mim.

Seja você também generoso com a vida. Renda-se e ela lhe dará em troca tudo aquilo que você merece receber e muito mais. Para mim será um prazer e uma alegria conhecer a sua história. Se puder, me conte tudo, basta me mandar uma mensagem no Instagram: @marcelscalcko.

Sigamos em frente, sempre em movimento. Obrigado pela companhia.

Que seja linda a nossa viagem daqui para a frente. Há um vidão daqueles a nossa espera logo ali, na próxima curva do caminho.

Um forte e carinhoso abraço!

POR UMA VIDA LEVE E REALIZADORA

Por uma vida leve e realizadora

Por uma vida leve
Digo um sim absoluto
A tudo o que foi, como foi, quando foi
Concordo em ser filho de pais humanos e comuns
Alegro-me com meus pais
Alegro-me com a vida!

Por uma vida ainda mais leve
Digo sim à presença, ao aqui e agora
Presente fico, e sinto o que vier
Dor, medo, tristeza, raiva...
Nego-me a apenas sobreviver
Vivo!

Por uma vida totalmente leve
Digo sim à consciência
Consciente, vejo que sou humano e comum
Não tento mudar as pessoas, amo as pessoas
Sou paz, sou contentamento, sou coragem!

Por uma vida realizadora
Sou responsável pelas minhas escolhas
Arco com as consequências
Faço o que precisa ser feito
Sem qualquer resistência...
Sou fluxo, sou movimento, sou ação!

Por uma vida plena
Coloco-me a serviço da vida
Sonho grande
Determino objetivos claros e precisos
Confio plenamente em meu talento
Levanto-me, tantas vezes quantas forem necessárias
Sou luz, sou poder, sou vitória!

Este livro foi impresso pela Gráfica Geográfica
em papel pólen bold 70 g/m² em julho de 2021.